KB264443

주식투자자가 꼭 알아야 할 ELW

주식투자자가 꼭 알아야 할 ELW

주식투자자가 꼭 알아야 할 ELW

초판 1쇄 인쇄 2007년 12월 10일
초판 3쇄 발행 2009년 5월 20일

지은이_ 민명기
펴낸이_ 전익균

이사_ 송영욱, 임상현
편집장_ 김남희
기획_ 김미화
마케팅_ 오정민
편집_ 이정애, 이미순
디자인_ 김희숙, 이호영

찍은곳_ 예림인쇄   출력_ 스크린   제본_ 바다제책

펴낸곳_ (주)새빛에듀넷
주소_ 서울 강남구 청담동 32-6 현대빌딩 603호
전화_ 02-3442-4393~4   팩스_ 02-3442-6771
e-mail _ svinvest@hanmail.net   홈페이지_ www.assetclass.co.kr
등록번호_ 제16-4043호   등록일자_ 2006. 11. 28

값 11,000원

ISBN 978-89-92873-07-9 (03320)

*잘못 만들어진 책은 구입하신 곳에서 바꾸어 드립니다.

주식투자자가 꼭 알아야 할 ELW

　　　　책이 나올 즈음이면 우리 증시가 2,000포인트를 달성한 지 얼마 지나지 않아 하루에 125포인트씩 급락하는 소용돌이에서 점차 빠져 나오고 있을 것이라 예상해 본다. 주식 시장은 외국인이 7조원 정도의 자금을 매도하면서 누란지세 형국이다. 이는 미국의 서브프라임 모기지(비우량 주택담보대출) 부실 사태가 발단이 된 것으로, 이로 인해 많은 개인 투자자들이 손실을 입었을 뿐 아니라 일부는 주식 시장을 떠나야겠다는 마음까지 먹었다고 하니 참 안타까운 일이다.

　ELW 강의를 처음 시작하면서 다양한 회원들을 만나 왔는데, 이들 중에는 주식투자로 수천 만 원에서 수억 원을 잃었거나 주식투자에 대한 이론이 전무하고, 노후대비책으로 주식투자를 병행하고 있는 등 제 나름대로의 목적을 갖고 ELW 투자에 나선 사람들이 있었다. 여기서 주목해야 할 점은 ELW가 위험이 큰 상품이라고 해도 한번 투자하면 그 매력에 흠뻑 빠지고 만다는 것이다.

필자가 함께 투자를 하는 한 회원은 한 달간 벌어들인 돈이 1억 원에 가까운 고수익을 기록하기도 했다. 그러나 그는 수익을 많이 올렸음에도 불구하고 수익 관리를 잘못하는 바람에 벌어 들인 돈을 먼지처럼 날려 버리고 말았다. 다행히 원금에 대한 손실은 없었다. 일장춘몽과 같은 모습에 허탈한 웃음만 나올 뿐이었다. 즉, ELW는 단기간에 고수익을 거둘 수 있을지 모르지만 자칫 엄청난 손실을 볼 수 있다는 점에 유의해야 한다.

사실 필자는 이 책을 통해 ELW로 돈을 많이 벌게 해주는 비책을 알려 주기보다는 주식투자로 돈을 잃지 말라는 투자 방법을 전수하고 싶다. 저축의 시대가 가고 투자의 시대가 도래했다. 하지만 아직도 우리 주변에는 대박을 꿈꾸며 투기하는 모습을 쉽게 찾아볼 수 있다.

이 책은 대박을 꿈꾸기보다는 장기적인 주식과 ELW 투자로 그 위험을 분산시키고 완성된 포트폴리오를 구축함으로써 주식투자뿐 아니라 ELW도 장기적 투자법으로 매력이 있다는 점을 적극 추천하고 있다. 모든 사람들이 주식투자뿐 아니라 ELW 매매를 통하여 부자가 되기를 바란다.

책을 내는 데 도움을 준 '민PD ELW 투자클럽' 회원 장영희, 박종민, 한종경, 윤희창, 김대준, 조선영, 최수경, 정양자, 류대선, 이춘조, 김성용, 나희진, 최영은, 김태성, 유성모 씨 등에게 고마운 마음을 전한다.

끝으로 비가 많이 와서 눅눅하고 한편으로는 무더운 여름, 책을 쓰는 내내 곁에서 잘 도와준 사랑하는 아내 김진옥과 지난 2월 13일에 태어난 딸 자영에게 이 책을 바치며 고마움을 전한다.

2007년 11월

민명기

# Contents...

Part_01

ELW(Equity Linked Warrant) 이해하기

Equity

Linked

Warrant

Chapter ..01

ELW는 미래가격
맞히기 게임이다

대한민국의 ELW 시장은 세계 3위

필자는 2007년 2월 1일 증권 정보 사이트인 씽크풀 (www.thinkpool.com)에서 처음 ELW 라이브 방송을 했다. 방송 첫날에는 파리만 날렸다. 많은 사람들이 ELW에 대해 전혀 몰랐던 데다 너무 어렵다는 이유 때문이었다. 아무래도 선물옵션을 생각했던 모양이었다. 물론 ELW도 선물옵션처럼 복잡한 수학 공식이 있기는 하다. 하지만 이 책에서는 그렇게 복잡하거나 논문에나 나올 만한 내용을 설명하지 않으려 한다. 누구나 쉬우면서 보편적으로 투자할 수 있는 ELW에 대하여 알려 주려 할 뿐이다. 이 방법만 알고 있으면 주식투자뿐 아니라 ELW 투자로 결코 뒤통수를 맞지 않을 것이라는 사실을 알려주고 싶은 생각이다.

ELW는 영어로 'Equity Linked Warrant'의 약자이다. 우리말로 하면 '주식워런트증권'이다. ELW는 특정 주식을 사는 게 아니라 특정 시점에 특정 가격으로 '살 수 있는 권리'(또는 '팔 수 있는 권리')를 구입하는 것을 말한다.

주가 상승이 예상될 때는 콜(Call) 워런트를 사서 큰 수익을 낼 수 있고, 주가 하락이 예상되면 풋(Put) 워런트를 구입하여 큰 수익을 올릴 수 있다. 즉, ELW는 주가의 상승이나 하락과는 관계없이 방향만 잘 맞히면 고수익을 얻을 수 있는 것이다.

우리나라의 ELW 시장은 2005년 12월에 처음 개설되었다. 처음에는 72개에 불과했던 ELW 상장 종목이 2007년 7월 현재 2,146개로 30배 가까이 늘었다. 이후 급속한 성장세를 보이면서 독립적인 시장으로 확고히 자리매김하고 있다. 1일 거래대금 규모는 2007년 7월 현재 5천억 원 정도다.

이는 세계거래소연맹(WFE)에 소속된 20개 ELW 시장 가운데 독일(9,231억원), 홍콩(8,432억원)에 이어 일평균 거래대금 기준으로 3위를 기록하는 수치다. ELW가 이같이 단기간에 빠르게 성장할 수 있었던 것은 고수익·고위험을 추구하는 국내 투자자들의 기호에 잘 맞아 떨어진 데다 발행자격을 갖춘 국내 증권사들이 앞다투어 상품을 내놓고 있기 때문이다.

국내 ELW 시장은 선진국의 시장과 비교해 볼 때 빠른 성장세를 나타내고 있지만, 아직까지 질적으로는 성숙하지 못한 부분도 있다. 외형적 성장에 치중한 결과 양적 측면에서는 높은 성장을 이루기도 하였다. ELW는 주식에 투자했을 때보다 높은 수익을 기대할 수 있고, 주가 하락의 위험에서 벗어날 수 있는 수단으로 이용할 수 있다. 또한 적은 금액을 가지고도 우리나라 주식 시장 전체 또는 초우량 주식에 투자할 수 있다는 점에서 매력적인 투자 수단이다. ELW는 투자자들이 언제든지 사고 팔 수 있다는 편의성을 갖고 있는 유동성 공급 시스템과 매매·결제 시스템도 투자자를 모으는 데 한몫하고 있다.

특히 개장 초반 CS(크레디트스위스)증권을 비롯한 외국계 증권사들이 유동성 공급자(LP·Liquity Provider, 상세 내용 48페이지 참조)를 전담하다시피 하고 있다. 그러나 지난 2007년 3월 이후부터는

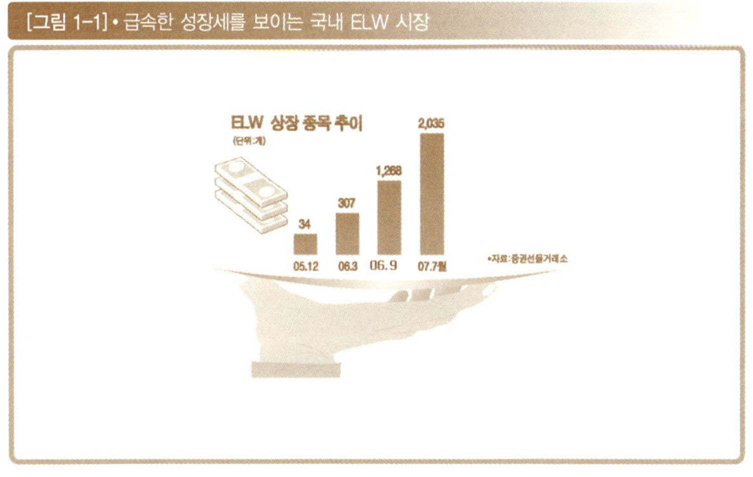

ELW 발행사인 국내 증권사가 LP로 참여하고 있으며 그 점유율은 80% 이상이다.

우리나라의 ELW 시장이 단기간에 성공할 수 있었던 데에는 LP 제도가 견인차 역할을 했다는 것을 간과할 수 없다. LP제도는 상장사 가운데 자본금이 적거나 주식 분산이 안 돼 거래가 활발하지 못한 종목을 증권사가 지속적으로 매수·매도 호가를 제시함으로써 안정적인 가격 형성을 유도하기 위하여 도입되었다.

ELW에 대한 부정적인 면도 있다. ELW의 높은 레버리지 효과 때문에 투자자들이 무조건적으로 맹신하여 투기 성격을 갖는다는 점이다. 위험 분산을 위한 주식투자의 한 방편으로서가 아니라 투기적인 성격을 가진 ELW를 만들고 있는 것이다.

또한 LP에게는 투자자들이 알 수 없는 가격 구조나 가격 제시로 유리하지만, LP의 투명성 확보를 위한 제도적 장치가 미비한 실정이다. LP는 투자자들에게 호가 제시에 대한 이유나 기준을 명확하게 밝혀야 한다. 하지만 지금 가격이 왜곡되는 현상이 나타나더라도 투자자들은 심증만 있지 물증을 가지기가 매우 어렵다. 또한 콜 워런트 위주로 상품이 집중되어 있어 주식투자의 헤지(Hedge) 수단으로 그 역할을 충실히 하려면 보완해야 할 점이 많다.

이제 ELW에 대하여 하나 둘씩 풀어가 보자. 일반적으로 주식에 투자하는 경우 1천 원에 특정 종목의 주식을 샀을 때 그 종목을 사려는 사람이 많으면 많을수록 주가가 올라가게 된다. 수요와 공급에 맞추어, 시장 논리에 따라 주가는 계속 변한다. 그러나 ELW는 주식이나 지수에 대하여 특정 가격을 미리 지정한 후 주가가 오르거나 내릴 때 사거나 팔 수 있는 권리가 부여된 증권이다. 쉽게 말해 일정기간이 지난 뒤 주식으로 전환할 수 있는 권리를 부여하는 증권이라고 생각하면 된다.

매매 방식은 주식 거래 방법과 같고 옵션의 특징을 결합해 두었다. 예를 들면 홍길동 씨는 HTS를 평소 눈여겨 보다가 관심 있는 삼성전자의 주식을 사기로 마음 먹었다. 나름대로 매수하려던 때가 저점이라고 판단하고 지금 사면 최소 20% 이상의 시세차익을 거둘 수 있을 것이라고 생각했다.

그가 예상한 것들은 기술적 지표상 낙폭이 커서 지금 상승이 예상되는 지점에 와 있고, 삼성전자의 실적과 관련 업황이 날로 좋아지는 것을 보고 현재 55만 원인 삼성전자의 미래 가치에 투자하기로 마음 먹었다. 이때 홍길동 씨는 삼성전자의 주식과 주가가 올라갈수록 큰 수익을 낼 수 있는 ELW 콜 워런트(Call Warrant)에 동시에 투자를 하게 되었다고 가정해 보자.

석 달 후 삼성전자의 주식이 80만 원으로 올랐다면, 주식투자로 46%의 수익을 거둘 수 있다. 그러나 ELW 콜 워런트로는 더 많은 이익을 낼 수가 있다. 옵션처럼 레버리지 효과(Leverage effect)가 있는 ELW로 더 큰 수익을 얻을 수 있는 것이다. ELW가 투자한 자산(종목)의 가격 변동에 비하여 가격이 크게 움직이는 옵션의 특성을 가지고 있기 때문이며, 주가가 상승하는 경우에는 콜 ELW의 가격상승률이 주식의 가격상승률보다 훨씬 더 커지게 된다.

투자 자산 대비 3배에서 많을 때는 15배 이상 차익이 나기도 하는데 평균 10배 정도의 효과를 볼 수 있다. 즉, 홍길동 씨는 석 달간 삼성전자 주식이 오르면 주식투자로는 40%의 이익을 얻을 수 있는 데 비해 삼성전자 ELW 투자로는 400%의 수익도 얻을 수 있다는 뜻이다. 그러나 반대로 주가가 이에 미치지 못하고 38만 원까지 내려간다면 비록 삼성전자의 주식이 30% 하락했더라도 ELW에서는 원금의 대부분을 잃을 수 있다.

삼성전자가 계속되는 불황과 업황 개선의 저조로 주가가 오르지 못하고 하락할 것이라고 예상된다면 콜 워런트가 아닌 풋 워런트(Put Warrant)를 매수하면 된다. 삼성전자의 현재 가격이 55만 원이라고 하고 석 달 후 50만 원까지 떨어질 것으로 예상된다면 삼성전자의 풋 워런트에 투자하면 된다.

ELW는 미래가격 맞히기 게임이다

한 가지 더 알아 두어야 할 점은 ELW는 특정 종목에만 투자할 수 있는 게 아니라, 코스피(KOSPI) 200 지수에도 투자할 수 있다는 것이다. ELW에는 코스피200에 투자하는 지수형과 삼성전자, 현대차, LG전자 같은 개별종목에 투자하는 종목형이 있다.

지수형? 종목형? 왠지 어렵게 느껴질 수 있지만 좀 더 인내하고 이야기를 들어보라. 몇 개월 혹은 몇 년 후에 코스피200 지수가 '몇 포인트가 될 것이다' 라고 찍는 것이 '지수형' 이고, 특정 종목의 주가를 '몇 개월 후에는 얼마가 될 것이다' 라고 맞히는 것이 '종목형' 이다.

시험을 치를 때 주관식보다 사지선다형 객관식이 더 쉬울 수 있다. 수십 개의 예시가 있으므로 구미에 맞게 고르기만 하면 되기 때문이다. 이렇듯 ELW는 미래 가격을 맞히는 것인데 무조건 올라가는 것만 고르는 게 아니라, 떨어질 가능성도 있으므로 떨어질 수 있는 가격을 맞히기도 한다.

만약 2007년 2월부터 4월 말까지 현대차의 주가가 엄청나게 떨어져 신저점인 58,000원까시 하락했다. 10만 원을 호가하던 종목의 주가가 58,000원까지 떨어진 것이다. 이럴 경우 하락한 가격에 맞춰 풋ELW를 사면 수익을 올릴 수 있다. 참고로 이 기간에 현대차 풋 576,501 종목은 수익률 170%를 기록했다.

[표 1] • ELW의 종류	
종류 구분	내　　　용
콜 워런트(Call Warrant)	기초자산의 주가가 '상승' 하면 이에 따라 이익이 발생
풋 워런트(Put Warrant)	기초자산의 주가가 '하락' 하면 이에 따라 이익이 발생

ELW를 거래하기 위해 준비해야 할 점

위험고지 등록을 해야 한다.

증권 계좌가 없다면 가장 먼저 시중은행이나 증권사 지점에 직접 방문하여 개설해야 한다. 증권 계좌가 있다면 새로 만들 필요는 없고 증권사의 홈페이지나 전화, 지점에서 '위험고지 등록' 절차만 거치면 된다.

[표 2] • ELW 위험고지 등록 방법

주문매체	고지 방법	업무처리 형태
HTS, WEB	ELW 매매 화면에서 위험고지 등록 동의	실명 확인
전화	상담원과 통화를 통해 ELW 거래 등록	고객에게 설명 및 통화내역을 녹취한 후 전화 확인 체크
증권사 방문	·ELW 투자위험 고지서 교부 ·ELW 위험고지 등록 후 투자 가능	확인서류 징구 후 팝업창에 직원이 내방 확인 체크

증거금은 없다

ELW 거래는 선물옵션과 유사한 점이 있다. 하지만 선물옵션처럼 증거금을 납부해야 하거나 일정 금액을 계속 유지해야 하는 것이 아니다. 초보자들이 가장 많이 하는 질문 가운데 투자 금액을 포함하여 자격을 물어 보는 경우가 있다. 솔직히 이 질문에 당황하게 된다.

주식을 거래하는 데 자격이라니? 주식 거래뿐 아니라 ELW 거래에는 자격이 따로 규정되어 있지 않다. 투자 금액 또한 10,000원을 투자하든, 1,000만 원, 1억 원을 투자하든 아무 규제가 없다.

다만 ELW를 기본적으로 매수할 수 있는 단위는 10주이고, 최저 가격이 5원에서 최고 몇 만 원 단위까지 여러 상품으로 나뉘어 있기 때문에 매매 참여자가 살 수 있는 최저 단위에 해당하는 금액만 있어도 거래할 수 있다.

ELW 코드를 잘 알면 쉽다

ELW는 굿모닝신한증권, 대신증권, 대우증권, 삼성증권, 신영증권, 우리투자증권, 하나증권(HFG IB), 한국투자증권, 현대증권, 미래에셋증권이 발행하고 있다. 2007년 7월부터는 맥쿼리, 메리츠

[표 3] • 발행회사별 코드번호

발행회사	코드번호	발행회사	코드번호
굿모닝신한	50	하나증권(HFG IB)	56
대신증권	51	한국투자	57
대우증권	52	현대증권	58
삼성증권	53	미래에셋	59
신영증권	54	맥쿼리증권	60
우리투자	55	메리츠 증권	61

등 두 외국계 증권사에서 발행을 시작했다.

ELW는 증권사들마다 고유의 기호가 있다. ELW 시장에 나오는 상품들은 하루에도 몇 개씩 생겨났다가 사라지고, 종목도 다양해서 증권사별 코드번호를 부여받아 발행된다. 따라서 몇 가지 숫자는 외워 두거나 기본적으로 알아 둘 필요가 있는데, 상품을 발행하는 회사의 고유 코드번호다. 이는 발행회사별 상품이 지수와 개별종목에 투자하고 있으므로 중복을 막고 독립적으로 구성하기 위한 것이다.

ELW는 주식과 비교했을 때 단일 상품으로 만들어지지 않는다. 삼성전자는 삼성전자와 삼성전자 우선주밖에 없지만, ELW에는 다양한 경우의 수를 들어 상품을 만들어 낼 수 있다.

1. 코스피 200Call
2. 코스피 200Put
3. 개별종목 Call
4. 개별종목 Put
5. 증권사별 상품

이외에도 다양한 경우의 수가 있는데 우선 코스피200에 대해 이야기해 보자. 코스피200은 코스피 대표 종목 200개의 가격을 수치화한 지표로서 종합주가지수를 추종하는 대형주 200개 종목으로 구성된다. 종합주가지수가 오르면 코스피200도 따라 오른다.

실제 ELW 상품을 살펴보자.

우리7385 KOSPI200콜
굿모닝7493KOSPI200

우리 또는 굿모닝은 발행회사 또는 유동성 공급자를 의미한다. 일반적으로 발행회사와 유동성 공급자가 같지만 간혹 다를 수도 있다. 굿모닝신한증권에서 ELW를 발행했지만 리먼브러더스나 CS증권 같은 외국계 증권사로부터 발행 대행을 맡아 하는 경우다. ELW는 금융당국에 파생상품 영업인가를 받은 증권사만이 발행할 수 있다. 원래 주체가 다른 기관 등에서 운용 전략이나 계획을 수립해 주고 운용권을 맡기기도 한다.

보통 ELW 상품을 주관하는 회사의 이름을 상품명 앞에 표시한다. 주관사에서 발행했으므로 그 회사 내 지점에서 정산을 하게 된다. 한마디로 상품을 기획해 만든 곳이라고 생각하면 쉽겠다.

상품명에서 7385 또는 7493 같은 숫자는 고유번호를 뜻한다. 코드번호와 혼동할 수도 있는데, 이 번호를 모두 풀어 써보면 557385, 507493이다. 개별 주식으로 보면 종목코드가 된다. 코드번호의 가장 앞에 있는 두 자릿수 '55' 혹은 '50'은 증권사 고유번호이고, '7'은 2007년을 의미한다.

마지막 세 자릿수 '385'는 지금까지 ELW를 만들어 낸 순서대로 붙인 번호다. 종목들이 번호 순서대로 증권사별로 나온다. 막연하게 숫자만 나열되어 있을 때보다 풀어보면 어렵지 않을 것이다.

그렇다면 종목 워런트는 어떨까? 위의 경우처럼 쉬울 것이다.

굿모닝7512현대건설콜
대우7479현대차풋

처음 거래를 시작할 때 복잡한 명칭 때문에 주저하는 분들이 많다. 하지만 사실 그리 어려운 일은 아니다. 그저 이름은 이름일 뿐 겁낼 필요가 없다.

앞서 언급했듯이 ELW는 잘못하면 원금을 모두 잃을 수 있기 때문에 거래하는 증권사에 ELW 위험고지 등록을 해야 한다. 사전에 위험하다는 것을 인지하고 거래에 대해 동의한다는 뜻이다. 위험고지를 하는 것은 주식과 비교했을 때 변동폭이 매우 크기 때문이다. 주식의 상한가와 하한가는 각각 15% 범위 내에서 움직이지만, ELW는 당일에 100% 또는 200% 수익도 가능하다. 하지만 이와 반대로 모두 잃을 수도 있기 때문에 위험고지를 하는 것이다.

삼성중공업 ELW 수익률 11,000%

파이낸셜뉴스 [2007. 05. 10. 17:45]

코스피지수가 장중 1,600선을 넘어서는 등 사상 최고치를 경신한 가운데 14일간 수익률이 1만%가 넘는 ELW(주식워런트증권) 콜이 등장했다.

10일 우리6300삼성중공업ELW콜은 전일보다 11.46% 오른 2,285원에 거래를 마쳤다. 이 ELW의 만기가 오는 15일로 시장에서 거래될 수 있는 날은 하루 밖에 남지 않았다.

LP(유동성 공급자)가 유동성 공급을 끝낸 이후에도 많게는 하루 50만주 이상이 거래되는 등 거래도 활발하다. 이날도 26만 8,840주가 개인들끼리 거래가 됐다. 이 ELW의 지난달 20일 장중가는 20원에 거래됐지만 불과 14거래일 만에 11,325%나 급등했다. 손바뀜이 활발한 만큼 이 수익률을 낸 투자자가 있을 것으로 추정된다.

이렇게 된 데에는 기초자산인 삼성중공업의 주가가 크게 올라 ELW가 외가격 상태에서 내가격 상태로 접어들었기 때문이다. 이 기간 삼성중공업 주가는 26,250원에서 35,050원으로 34% 올랐고, 행사가격이 30,000원인 이 ELW는 20원에서 2,285원까지 치솟은 것이다.

특히 이 ELW의 전환비율은 0.5로 거래를 마감하는 11일 이후 3일간 평균가격으로 행사가격이 정해지게 되어시장에 큰 이변이 없는 한 이 가격으로 행사가 될 것으로 보인다. 이날 이론가격은 2,356원이다.

지난 2007년 5월 코스피지수가 장중 1,600선을 넘어서는 등 사상 최고치를 경신한 가운데 14일간 수익률이 1만%가 넘는 ELW 콜이 등장했다.

‘우리6300삼성중공업콜’은 2007년 5월 9일보다 11.46% 오른 2,285원에 거래를 마쳤다. 이 ELW의 만기는 2007년 5월 15일로 그 이후에는 시장에서 사라졌다.

앞의 신문기사에서 알 수 있듯 LP가 유동성 공급을 끝낸 이후에도 많게는 하루 50만 주 이상이 거래되는 등 거래가 활발했다. 5월 9일에도 개인들 간 26만 8,840주가 거래됐다. 이 ELW의 2007년 4월 20일 장중가격은 20원에 거래됐지만, 불과 14거래일 만에 11,325%나 급등했다.

이 기간에 삼성중공업의 주가가 26,250원에서 35,050원으로 34% 올랐기 때문에 행사가격이 30,000원인 이 ELW는 20원에서 2,285원까지 치솟았다. 하지만 만기가 한 달 이내인 ELW는 유동성이 없을 수도 있으므로 위험하다는 점을 명심해야 한다.

Chapter ..03

ELW는 제대로 알고 난 후에 투자해야 한다

필자는 매일 장이 열리는 오전 9시부터 오후 3시까지 인터넷 방송으로 회원들과 실시간 매매를 한다. 비회원들에게도 매주 목요일에 오픈 공개강좌를 열어 ELW에 대한 교육과 실전 투자를 병행하고 있다.

많은 사람들이 ELW 투자를 하는 데 있어서 처음부터 매우 공격적인 성향을 띤다. ELW 가격이 주식거래에서는 흔하게 접할 수 없는 100원 단위대에서 거래된다는 점 때문이다. 상대적으로 싸다는 생각이 들어서 첫 거래 때 수천만 원씩 매수하는 경우를 보기도 했다.

그 사례를 하나 들어보겠다. 대구에 살며 필명이 '바우러브'인 회원은 필자와 손발을 맞춘 지 일주일도 안 돼 1천만 원을 현대차

ELW에 올인했다. 그때가 3월 초순이었는데 그는 ELW에 대하여 아무것도 모르는 초보였다. 그는 일주일간 수십만 원의 수익을 거두면서 공격적 성향을 띠게 됐다. 때 이른 자신감이 화를 불러일으킨 것이다.

2월 23일경부터 현대차는 조정을 보이더니 급기야 4월 말에는 현대차 본주가 58,000원까지 하락했다. '바우러브' 회원이 현대차 ELW를 매수하던 시기에 현대차 본주가 67,000원 가량이었던 것을 감안할 때 ELW 매수가격은 400원이었고, 그가 눈물의 손절매를 하던 때에는 현대차는 30원이 됐다. 이건 손절매 수준이 아니라 돈을 고스란히 증권사에 갖다 바쳤다고 해도 과언이 아닐 것이다.

현재 현대차 ELW 556305 종목은 상장 폐지됐다. 당시 이 종목의 만기일은 4월 20일이었는데, ELW는 만기일이 가까워 질수록 시간가치라는 것이 있어서 본주가 많이 올라도 생명력을 다 해 움직임의 폭이 둔화되고 그 길로 사라지고 만다.

이 사실을 미처 몰랐던 '바우러브' 회원은 그 후 ELW에 대한 위험성을 깨닫고 매일 필자와 함께 학습과 실전투자를 통하여 투자를 거듭한 끝에 잃었던 투자금을 회복했고, 이익을 보기도 했다. 이처럼 위험이 따르는 ELW는 30일 이하 정도 남은 종목에 대한 투자는 절대 하지 말아야 한다.

만기일 앞둔 ELW 투자 '주의보'

파이낸셜 뉴스 [2007.01.23 18:03]

만기일을 며칠 앞둔 주식워런트증권(ELW) 시세가 급변동하고 있어 투자에 주의가 요구된다.

ELW는 만기일 한 달 전부터 유동성 공급자(LP)가 거래를 하지 못하게 돼 있어 한 달 동안 거래가 거의 없게 된다. 때문에 이 사이 시세가 이론가격과 큰 차이를 보이게 되고 최종 거래일을 불과 며칠 앞두고서야 이론가격에 맞춰지도록 급등락을 하게 되는 것이다.

23일 증권업계에 따르면 최종거래가 3일 남은 한국6245기아차풋은 이날 전일보다 121.62%(675원)나 급등한 1,230원에 거래를 마쳤다. 이날 기초자산인 기아차는 전일보다 1.33%(150원) 하락한 것과 비교하면 ELW의 가격 변동은 적정 수준을 벗어난 것처럼 보인다.

그러나 이 ELW는 기초자산 행사가가 1만4천 원이고 전환비율이 0.5여서 만기 시 기아차 주가가 현 수준인 11,000원 수준을 유지하면 주당 1,500원 정도의 이익을 낼 수 있게 된다. 하지만 이 ELW는 지난달 22일부터 LP 거래가 마감되면서 한 달간 주가가 555원을 유지하고 있었다.

잔존일수가 4일 남은 현대6160삼성전자콜도 이날 장중 98.65%나 급락한 이유도 이와 같다. 이 ELW는 행사가격이 64만 원인데 현재 기초자산인 삼성전자 주가는 59만 3천 원이어서 이대로 마감을 하게 되면 ELW는 '휴지'가 된다. 때문에 이날 395원이던 주가가 5원까지 하락하면서 한 달 만에 이론가격에 맞춰 거래가 된 셈이다.

대우증권 김현태 수석연구원은 "이러한 ELW 급등락은 이론가격에 맞춰지는 현상이기 때문에 미리 주문을 낸다면 큰 리스크 없이 수익률을 낼 수도 있다"며 "반면 하락이 예상된다면 ELW 조건을 꼼꼼히 따진 후 투자 결정을 하는 것이 좋다"고 조언했다.

ELW 매매는
주식매매처럼 쉽다

ELW 매수하는 방법

ELW는 선물이나 옵션과 달리 주식을 거래하는 일반 증권계좌를 통하여 거래할 수 있다. ELW를 주문하는 방법은 일반 주식 거래와 똑같다. 그렇다고 주식매매 창에서 바로 매매를 할 수 있는 것이 아니고, ELW만의 별도의 주문 창이 홈트레이딩 시스템(HTS)에 있다. 대우증권의 경우 메뉴 창에서 '5371' 메뉴번호를 입력하면 주문 창이 생성된다.

(그림 1)에서 1번 영역은 매수수량과 매수가격을 집어 넣는 곳으로 주식투자를 한 번이라도 해 본 독자라면 쉽게 이해할 수 있을 것이다. 주식투자가 처음이라면 그림과 같은 창에 자신이 사고

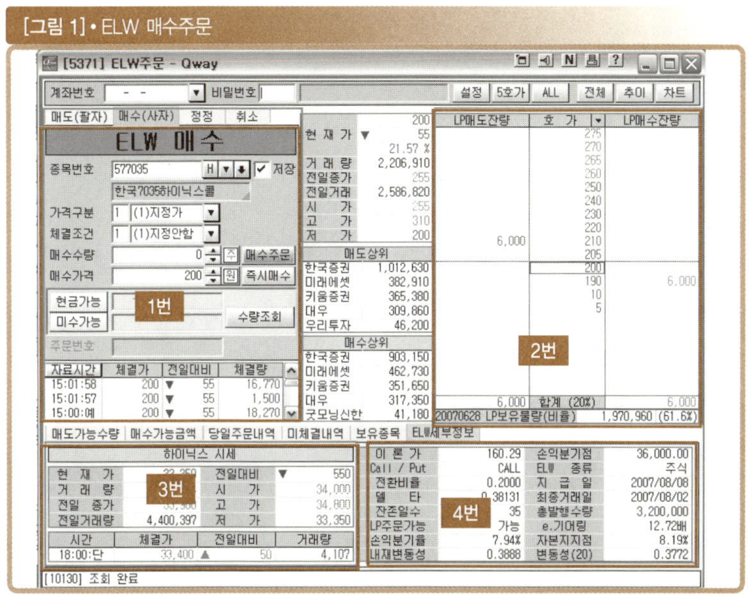

자 하는 주식의 수량을 직접 입력하거나 화살표를 이용하여 설정
하면 된다.

ELW는 기본적으로 10주 단위로만 거래를 할 수 있기 때문에 화
살표를 클릭하면 10주 단위로 바뀐다. 또 현금 거래만 가능하므로
미수가능 항목은 신경 쓰지 않아도 된다. 또 가격 구분 탭과 체결
조건 탭도 ELW 거래 시 적용되지 않으므로 고민하지 말고 넘어가라.

2번 영역은 매수호가와 매도호가가 보이는 창이다. 여기를 잘
살펴보면 190원에 6천 주, 210원에 6천 주만 보이는데 이 같은 주
식호가 창에는 시장 참여자들의 매매수량이 공개된다. ELW는 유

동성 공급자라고 불리는 LP들이 가격 왜곡 현상으로 가격이 터무니 없이 급등하거나 급락하는 것을 막기 위하여 호가를 제시한다.

　3번 영역은 기초자산인 하이닉스의 시세가 실시간으로 보여진다. 이를 기초로 하이닉스 ELW가 등락을 하는 것이다. 4번 영역은 ELW에 대한 세부 정보를 나타낸다. 매우 중요한 항목만 간추려 보면 '잔존일수', '내재변동성', 'e기어링' 이 주요 포인트다. '잔존일수' 는 해당 상품을 거래할 수 있는 기간을 의미하고, '내재변동성' 은 일정기간에 가격이 변동하는 비율을 말한다. 남은 35일 동안 38% 정도의 가격 변동률을 보인다는 뜻으로 해석할 수 있다. 또 'e기어링' 은 기초자산이 1% 움직일 때 이 ELW 상품이 12배 움직인다는 뜻이다.

　이밖에 매수 창에서 종목번호에 매수를 원하는 종목의 코드번호를 넣어 주면 된다. (그림 1)은 하이닉스를 매수하려고 한다. 따라서 하이닉스 본주 '000660' 코드번호를 입력하는 게 아니라 ELW 하이닉스 코드번호를 선별해서 입력한다.

　ELW 종목을 선택하려면 투자자가 자신이 거래하는 증권사 HTS에서 ELW 전체 시세를 확인할 수 있는 메뉴 창을 확인하면 된다. 그렇다고 너무 어렵게 생각하지 마시라. 차츰 종목 찾는 방법을 아주 쉽게 설명할 테니 말이다.

여기서 한 가지 아쉽기도 하고 꼭 짚고 넘어가야 할 것이 있는데, 2번 영역에서 매수호가와 매도호가가 너무 벌어져 있어서 매매하는 데 어려움이 있다는 점이다. 이렇게 호가를 벌어지게 하는 것을 증권사들은 대체로 가격 변화에 맞춰 규정대로 제시하는 것이라고 하지만, 이 말을 곧이 곧대로 믿는 투자자는 많지 않을 것이다.

이것은 증권사들이 호가를 많이 벌어지게 해서 자신들의 손해를 최소화 하려고 하는 것인데, 기본적으로 ELW를 발행하는 주체는 절대 손해보지 않는다. ELW 발행 자체가 일종의 주식을 근거로 하는 이자이므로 호가를 벌이지 않아도 ELW 발행수수료나 거래수수료 등으로 이미 수익을 챙기고 있기 때문이다.

LP들이 평상시처럼 호가 수량을 일정하게 조정해야 하는데 급등락이 연출되면 어느 순간 수량을 대폭 줄이는 모습을 자주 볼 수 있다. 특히 LP의 물량이 소진될 경우 10초 내에 바로 의무호가를 유입하는 반면, 급등장이 연출될 때는 평상시와 달리 즉각 대응을 하지 않고 규정 시간인 5분이 다 되어서야 호가를 제시하거나 10분이나 1시간까지 끄는 경우도 있다.

더욱 큰 문제는 투자자들이 손해를 보고 LP에게 항의를 해 봤자 별다른 도움을 받지 못한다는 것이다. LP가 적절한 물량을 풀어 주어야 하는데 전혀 신경 쓰지 않고 있다가 전화로 항의를 받은 후에야 '시스템에 오류가 있었다'며 물량을 푸는 모습을 종종 목

격할 수 있다.

실제로 필자를 포함해 함께 매매를 하는 회원그룹이 2007년 6월 LG전자를 기초자산으로 하는 ELW에 투자하여 낭패를 본 적이 있었다. 기초자산이 5% 이상 급등하는데 호가를 제시해 주지 않아서 약 25%의 수익을 낼 수 있었음에도 불구하고 2%의 수익만으로 만족해야 했다.

즉각 해당 LP에게 항의를 했지만 시스템 오류라거나 문제될 것이 없다는 반응이었다. 여하튼 이런 어처구니 없는 경우가 간간이 있기는 한데 시장이 이제 태동기이고 점차 투자자 중심의 제도 개선이 있을 것으로 기대된다.

ELW를 매도하는 방법

매도주문은 일반적으로 주식 매도와 비슷하다. 앞서 ELW 매수주문 때처럼 가격의 구분이나 체결조건은 별도로 수정할 부분이 없고 투자자가 매수한 물량 전체를 매도할 것인지, 일부만 할 것인지를 결정해서 '매도 수량' 항목에 숫자를 집어 넣으면 된다.

다만 주식투자를 할 때 현재 가격에 매도주문을 내게 되면 대체로 거래가 된다. 하지만 ELW는 대체로 LP가 유동성을 공급해 물량이나 가격을 조절하기 때문에 (그림 1-1)처럼 605원에 팔고 580

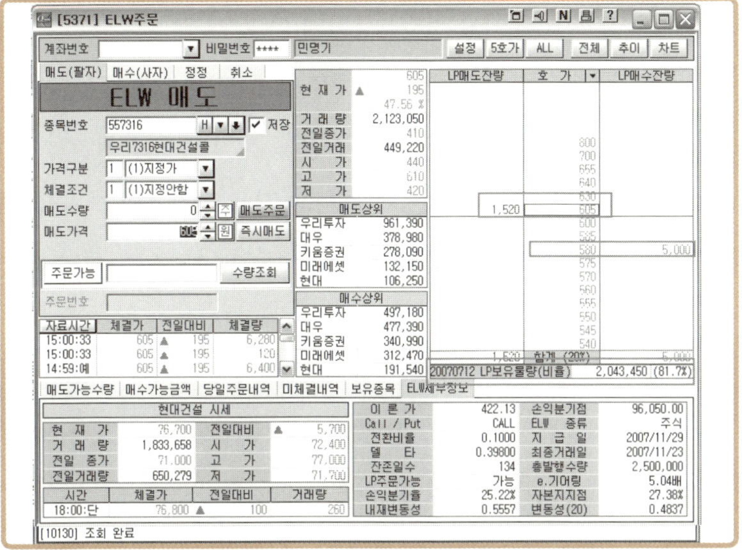

원에 사려고 하는 난감할 때가 적잖이 있다.

다행히도 (그림 1-1)에서는 600원, 585원에 LP와는 별개로 시장 참여사가 사려고 대기하고 있어서 여기에 매도를 하면 가능하다. 하지만 (그림 1-1)과 다르게 매수 대기물량도 없이 호가만 잔뜩 벌어진 경우가 있다. 이럴 때는 LP보다 한 가격 낮은(한틱) 자리에 매도를 하거나 LP보다 앞서 호가를 걸어두는 것도 한 방법이다.

(그림 1-1)에서 보면 LP가 사려고 하는 수량이 5천 주이고 팔려고 하는 물량이 1520주인데, 대체로 LP들은 LP 보유물량이 많이

팔리지 않아 보유량이 많은 경우에는 매수와 매도 물량을 대체로 같은 수준으로 맞추려고 한다. 그런데 다른 시장 참여자가 1,520주를 매수하거나 LP가 스스로 잔량을 채우는 약 1~3분의 시간이 흐른 후 LP는 매도에 1,520주 내놓은 물량을 5,000주로 채운다.

이때 투자자는 LP보다 빠르게 현재 가격에 투자자의 물량을 내놓아 LP의 물량 1,520주보다는 후순위이지만 나머지 3,480주보다는 빠르게 매도할 수 있다. (그림 1-1)은 현대건설 ELW에 투자를 하고 있다. 이때 현대건설 본주의 흐름이 상승세라면 LP와 비슷한 가격에 매도하고, 횡보나 하락 흐름세라면 매도하려는 LP보다 낮은 가격에 매수 대기 중인 곳에 매도해야 한다.

또한 거래량이 거의 없을 때는 시장 참여자들의 관심이 많이 떨어지기 때문에 LP가 호가를 제시하는 것만 보고 거래하면 투자가 어렵게 꼬일 수 있다.

거래량이 많은 종목 중심으로 매매하라

호가를 벌어지게 하더라도 시장 참여자가 많으면 LP가 제시하는 호가와 별도로 매매하는 데 큰 어려움이 없다. 그래서 '거래량이 많은 종목' 들을 위주로 거래하는 것이 바람직하다. (그림 1-1) 처럼 LP가 호가를 많이 벌어지게 한 경우 거래량마저 없다면 본주가격이 치솟아도 계속 LP가 호가를 벌어지게 할 것이기 때문에 매도에 어려움이 있을 수 있다. 거래량이 많은 종목을 거래하는 것이 좋다. 일일 거래량이 '50만 주 이상'이면 어려움이 덜하다.

기초자산에 대한 전망을 하고 투자하라

ELW를 거래하기 전에 내가 투자하게 될 기초자산에 대한 전망을 해야 한다. 코스피200 지수에 투자할 것인지, 아니면 종목에 투자할 것인지를 정하고 투자하기 위한 기초자산의 흐름과 변동성을 파악해야 된다.

지수 워런트는 콜 워런트와 풋 워런트의 단일 구조이다. 반면 종목 워런트는 67개 종목이 워런트에 등록되어 있는데 종목 구성은 대체로 시가총액 60위권 내에 있는 종목이 다수를 이루고 있다. 지수형 워런트를 선택하긴 종목형 워런트를 선택하선, 선택한 ELW의 상승 또는 하락을 예측할 수 있어야 한다. 그 예측의 성공 여부에 따라 손익이 결정되기 때문이다.

일부 종목을 제외하고는 풋 워런트가 발행되지 않았다는 특징이 있다. 풋 워런트를 발행하려면 주식을 빌려 만기에 팔아야 하므로 번거로워서다. 자칫하면 발행자들이 손해를 볼 개연성이 있기 때문에 대체로 풋 워런트 발행을 꺼린다. 따라서 금융당국의 적극 개

입으로 ELW 거래의 표준을 하루빨리 만들어야 한다. 그럼으로써 콜 워런트 중심의 워런트에서 탈피하고 더 많은 풋 워런트를 발행하여 다양한 헤지 수단이 되도록 제도적 장치를 마련해야 한다.

ELW의 기본적인 매매제도

ELW의 아주 기초가 되는 매매제도를 살펴보기로 하자. (표 4)에서 보는 바와 같이 ELW의 매매거래 시간은 오전 9시부터 오후 3시까지다. 시간외 거래는 이루어지지 않는다. 그리고 동시호가 시간에는 호가 접수만 하도록 되어 있다. 이는 장이 시작되기 전에 대량의 물량을 매도하여 발생한 가격 왜곡 현상이나 가격이 터무니 없이 높게 폭등하여 시작되는 것을 막기 위한 것이다.

주식은 장 시작 전에도 매매체결이 가능하지만, ELW는 장이 시작하기 전 호가는 접수되는 반면 매매체결이 되지 않는다. 즉, ELW는 동시호가 때 호가만 접수되고 장이 시작되면서 본격적으로 매매가 이루어지는 것이다.

동시호가 매매는 단일가에 따른 가격경쟁이다. 그래서 시장 참여자가 주문을 하게 되면 조건에 맞는 참여자들과 체결을 하게 된다. 반면 장중에는 복수 가격에 의한 경쟁매매이다. 즉, 가격 우선

구 분	내 용
매매거래 시간	오전 9시 ~ 오후 3시
호가 접수 시간	오전 8시 ~ 오후 3시
시간외 거래	시간외 거래 안됨
매매수량 단위	10주
거래세, 수수료	거래세 면제, 증권사별 수수료
가격제한	가격제한 폭 없음
결 제	현금결제(매매일로부터 2일)

체결로 가격이 같다면 시간을 우선하여 체결된다. 매도자는 최저 가격 우선이고, 매수자는 최고 가격 우선이 된다.

　ELW의 기본 거래 수량 단위는 10주 단위다. 만약 1주 단위의 단주거래라면 그렇지 않아도 복잡하고 가격이 싸서 거래되는 물량이 많으므로 시장 왜곡 현상이 올 수 있다. 이를 방지하기 위하여 10주 단위로 거래단위를 맞춘 것이다.

　어느 증권사를 막론하고 주식 거래의 거래세는 0.3%다. 파생상품인 ELW는 증권 거래세를 내지 않아도 되고 증권사 매매수수료만 지불하면 된다.

ELW 초보자가 유의해야 할 점

ELW 초보 투자자에게 강조하고 싶은 점이 있다. 가급적 코스피200 지수에 투자하는 것을 자제하기를 권한다. 코스피200 지수는 투기 성격이 강해서 코스피200 지수가 상승하는데 ELW 가격은 오르지 않거나, 코스피200 지수가 1포인트 오르는데 ELW 가격이 전일 대비 200% 상승하는 왜곡 현상이 많이 발생한다. 또한 워낙 빠르게 거래가 이루어지기 때문에 잠깐 매매 흐름을 놓치게 되면 계속 손해를 볼 수 있다.

개별종목은 그 종목의 공시, 업황, 기술적 반등, 실적 등 다양한 투자 지표가 내재되어 있다. 하지만 코스피지수는 중대형주와 우리 증시에 대한 전망을 동시에 해야 하고 미국과 중국, 일본의 증시 그리고 환율을 비롯한 증시에 미치는 다양한 변수들을 모두 파악해야 하는 점이 투자자들에게는 커다란 위험 요소로 비추어질 수 있다.

그 외에 개별종목 ELW에 투자하기 위해서는 해당 종목의 각종 자료를 바탕으로 기초자산('본주' 라고 이야기하기도 한다)의 주가 움직임에 대한 전망과 투자 기간을 결정한 후, 기초자산의 현재 가격과 ELW가 만료되는 만기일의 행사금액이 얼마인지를 알아야 한다

Chapter ..05

ELW의 장단점을
알면 답이 보인다

1. 손실폭 제한

대부분 ELW가 매우 위험한 투자라는 선입견을 가지고 있는데, 물론 전혀 위험하지 않다고는 말할 수 없다. 그래서 필자는 ELW에만 투자하는 것을 반대하고 주식과 병행하여 투자하기를 추천한다. 즉, 주식에 장기 투자하되 일부 금액은 ELW에 투자하여 그 비중을 조절함으로써 손실은 제한하면서 잠재적으로 높은 이익을 추구하는 것이다.

달리 말하면 콜(Call) 워런트의 경우 주가지수나 개별종목 주가가 얼마나 떨어지든 상관없이 ELW 투자자는 최악의 경우 처음에 지불한 ELW 가격만큼만 손해를 본다. 예를 들어 1주에 1,000원인 주식을 샀는데 손절매 시점을 놓쳐 주가가 700원까지 떨어졌을 때 팔아야 한다면 주식 투자자는 300원을 손해보게 된다. 하지만 이 주식에 연계된 ELW를 100원에 샀다면 이 주식이 상장 폐지되어 휴지 조각이 되더라도 투자자의 손실은 최대 100원으로 제한된다는 것이다. 또한 주가가 하락할 때 풋(Put) 워런트를 이용하면 주식에서의 손실을 만회할 수 있고, 경우에 따라서는 오히려 큰 수익을 낼 수도 있다.

2. 거래세 면제

ELW의 매력 중 하나는 현금결제를 원칙으로 한다는 것이다. 앞에서 이야기 했듯이 ELW는 주식투자와 달리 매매할 때마다 내는 세금 즉, 거래세가 면제된다. 파생상품은 거래세를 모두 지불하지 않아도 된다는 원칙이 있기 때문이다. 따라서 ELW 투자자들은 증권사 수수료만 지불하고도 활발한 매매를 할 수 있다.

인터넷 증권사(미래에셋, 키움증권, 이트레이드 등)를 비롯해 일부 수수료가 싼 증권사를 통하여 ELW 거래를 한다면 투자자에게는 수수료가 비싼 메이저 증권사에 비하면 이득이 된다.

3. 증거금이 없고 가격 제한폭도 없다

ELW는 선물옵션처럼 별도의 시장을 구성하지 않아도 되며 주식처럼 거래할 수 있고, 별도의 증거금이 없기 때문에 누구나 손쉽게 접근해서 투자할 수 있다.

주식의 경우 가격 제한폭(상한가 15%, 하한가 −15%)이 있어서 하루에 얻을 수 있는 수익에 대한 제한이 있다. 하지만 가격 제한폭이 없는 ELW는 하루에도 엄청난 수익을 기대할 수 있다.

실제로 지난 2007년 1월 10일 증권선물거래소에 따르면 당시 거래 잔존일수가 하루 남은 '우리6191코스피200풋'과 '현대6180 코스피200풋'은 각각 1,720%와 1,733%라는 기록적인 수익률을 나타냈다. 두 종목 모두 유동성 공급자의 ELW 보유율이 20%에도 못 미치는 데다 잔존 거래일이 임박해지면서 개인의 매매 열기가 높아졌기 때문이다.

4. 주가 하락해도 수익 가능

주가 하락이 예상되면 주식 투자자는 보유 물량을 전량 매도하거나 매수량을 소폭으로 줄이는 등 소극적인 방법을 쓸 수밖에 없다. 그러나 ELW 투자자는 주가가 하락해도 풋 워런트를 매수하여

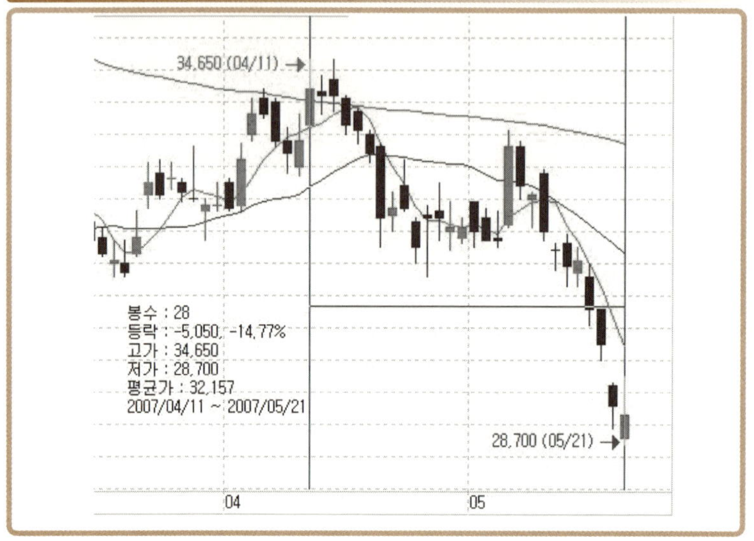

큰 수익을 거둘 수 있다.

(그림 1-2)를 살펴보면 2007년 4월 11일 고가 기준으로 34,650원이던 하이닉스 본주가 하락하기 시작해서 5월 21일 저가 기준 28,700원까지 하락했다. 이 기간에 하이닉스는 약 15%의 손실을 발생했다. 하지만 (그림 1-3)은 하이닉스 풋 워런트가 4월 11일 종가 기준 375원이던 것이 5월 21일 625원까지 상승해 이 기간 약 67%의 수익률을 기록했다.

이처럼 ELW는 하락장에서도 고수익을 올릴 수 있다. 이것을 레버리지(Leverage) 효과라고 부르는데 일명 '지렛대 효과' 라고도

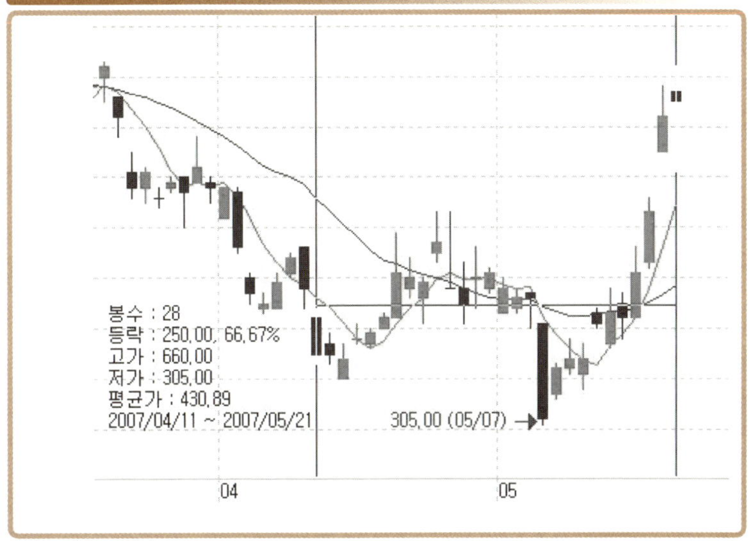

한다. 이것은 ELW 투자에서 가장 큰 위험요소이자 가장 큰 수익요소가 된다. 지난 7월 26일 기점으로 종합주가지수가 2015포인트를 달성하고 갑작스럽게 급락하면서 27일에는 하루 동안에만 장중 100포인트가 빠지는 대폭락을 기록했다. 이처럼 장이 요동칠 때 풋 워런트에 투자했던 투자자들은 큰 수익을 올렸다.

주식 현물 투자자는 한쪽 방향 즉, 주가가 상승해야만 수익을 거두는 데 반하여 ELW 투자자는 하락할 때도 큰 수익을 낼 수 있으므로 매우 매력적인 상품이 아닐 수 없다. 지난 7월 하순 큰 폭의 수익을 기록했던 때의 신문기사를 살펴보자.

풋 ELW 투자자들 "우리도 好好好"

헤럴드경제 [2007. 08. 02.11:37]

주가 하락때 손실 제한 이점… 일부 가격 급등세

증시가 롤러코스터를 탄 듯한 양상을 보이는 가운데 급락장에서도 평정심을 유지하는 사람들이 있다. 바로 주식워런트증권(ELW) 풋에 투자한 사람들이다. 풋 워런트는 특정 기초자산을 만기일에 미리 정해진 가격으로 되팔 수 있는 권리로 기초자산의 하락을 예상한 투자자들이 매수한다. 일 주가가 큰 폭으로 조정을 받자 2일 오전 일부 풋 워런트의 가격이 급등하고 있다. KOSPI200을 기초자산으로 하는 '굿모닝7150' (100.0%), '한국7311풋' (100.0%), '굿모닝7222' (42.8%) 등이 상승 중이다.

상승률이 급격한 종목은 주가가 떨어져도 여전히 행사가를 웃도는 외가격(OTC)인 경우가 대부분이라 추가 하락을 기대하는 심리를 엿볼 수 있다. 한국증권에 따르면 지난달 23~27일에 KOSPI200을 기초자산으로 워런트의 거래 비중은 주 초반 콜이 45.43%, 풋이 9.91%를 기록했으나 조정 징후가 뚜렷해지면서 27일에는 콜이 36.43%, 풋이 16.44%로 풋 워런트 거래가 급증했다.

이 기간 중 높은 상승률을 기록한 상위 5개 워런트가 모두 풋으로 'HFG IB7059 삼성전자풋' (224.32%), '미래7175KOSPI200풋' (216.92%), 'HFG IB7083삼성전자풋' (182.76%), '굿모닝7178삼성전자풋' (163.89%), '메리츠 7003KOSPI200풋' (162.96%) 등이다.

손석우 한국투자증권 자산운용본부장은 "ELW는 만기에 가까워 질수록 시간가치가 하락하는 단점이 있지만 주가가 하락할 때 보험과 같이 손실을 제한할 수 있다는 이점이 있다"고 설명했다. 전문가들은 ELW가 주식과 비교해 높은 레버리지 효과를 누릴 수 있고 상승과 하락에 대한 방향에 투자하기 때문에 시황과 관계없이 항상 투자 기회가 있다는 점을 매력으로 꼽았다. 그러나 최악의 경우 원금을 모두 잃을 수 있는 만큼 투자금액을 주식 투자금의 20% 선으로 제한하는 것이 바람직하다고 조언했다.

앞의 내용처럼 ELW는 호불호(好不好)가 명확하여 적은 돈으로 단기간에 높은 수익을 올릴 수도 있지만, 투자금의 상당액을 잃을 수도 있다. 그러나 반드시 주식투자와 병행하면서 적정선을 지킨다면 ELW만큼 매력적인 투자상품도 없다는 것이 필자의 생각이다.

ELW의 장단점을 요약하면 표5와 같다.

[표 5] • ELW의 장단점	
장 점	단 점
• 주식을 보유하지 않고 매매하는 효과 • 레버리지(leverage)를 통한 고수익 달성 • 유동성 공급 제도로 인해 유동성 확보 • 증거금이 없는 파생상품 • 소액 투자 가능 : 최소 단위 10주 • 상승과 하락장 투자 수익 발생	• 레버리지(leverage)에 의해 리스크가 크다 • 상품 구조가 매우 복잡하다. • 투자에 따른 배당 또는 이자 소득 없다 • 주주로서 권리 행사 불가 • 거래에 따른 손익만 존재

Chapter ..06

ELW에는 LP가 있다

LP란 'Liquidity Provider'의 약자로 '유동성 공급자'라고 해석할 수 있다. LP는 2005년 12월 ELW의 첫 거래를 시작할 당시에는 없었다. 첫 거래 시작 후 2006년 1월 2일부터 한 달가량 도입된 LP는 유동성이 낮은 종목의 원활한 주가 형성을 도모하고 투자자의 가격 왜곡 현상을 막기 위해서 생겨났다. 더불어 시장조성 의무를 부여하기 위하여 둔 제도이기도 하다.

유동성 공급자(LP)는 상시적으로 매수와 매도가격을 제시하여 시장 참여자들의 매매 요구에 맞추어야 한다. 게다가 일부 본주의 유동성이 풍부한 종목들에 거래가 편중되면 종목 간 유동성 차이를 줄여주는 한 방편이 된다.

주식이나 선물옵션은 주문만으로 거래가 이루어지기 때문에 LP제도가 없다. 반면 ELW 거래에 LP제도가 도입된 것은 ELW가 주식과 옵션의 파생상품이다 보니 레버리지 효과가 커지면서 가격 왜곡 현상이 일어날 수 있기 때문이다. 쉽게 말해 LP제도는 본주 가격이 급등할 때 ELW 가격이 주체할 수 없을 정도로 오르거나, 이와 반대로 본주 가격이 급락할 경우 ELW 가격이 터무니 없이 하락하는 것을 막기 위한 조치이다.

현행 규정상 ELW의 모든 종목들은 만기 1개월까지만 LP의 호가제시 의무가 있다. 따라서 LP라도 잔존 만기일이 1개월 이하이면 호가제시 의무를 면제받는다. 이로 인하여 본주가 오르더라도 ELW 가격은 그대로이고, 거래량이 대폭 감소하는 현상이 발생하기도 한다.

이를테면 본주의 가격이 전날보다 오르는데 해당 워런트의 호가는 전날 종가와 같거나 반대로 떨어지는 경우가 있다. 이 경우 LP가 호가제시를 면제받는 30일 이하의 거래기간이 남았는지 확인해 보아야 한다. 30일보다 훨씬 많은 기간이 남았는데도 가격이 움직이지 않는다면 LP가 전날의 낙폭과 시간가치를 반영하지 못한 것을 다음날에 반영할 수 있다.

예를 들면 하이닉스를 기초자산으로 하는 종목이 전일 3% 하락했고 하이닉스 워런트는 'e기어링' 이라고 하는 비율이 10배라고 하자. 그런데 30% 하락을 했어야 할 하이닉스 워런트가 5% 하락 정도에서 그쳤다면 종목에 따라 유동성이 떨어져 기초자산(하이닉스)의 움직임을 충분히 반영하지 못한 것이다. 그래서 다음날 하이닉스 워런트는 이를 채우려는 속성을 가지게 된다.

이와 반대인 경우도 있다. 깊은 외가격으로 인하여 시장 참여자들에게 관심을 받지 못해 거래가 이루어지지 않던 종목들이 갑작스러운 기초자산의 폭락으로 갑자기 폭등하기도 한다. 행사가가 현재의 기초자산과 비슷해지므로 변동성의 매력이 뒤늦게 시장에서 평가를 받은 것이다.

ELW의 가격을 결정하는 데 가장 중요한 변수는 변동성이다. 변동성에 대한 시각은 LP마다 그 차이가 있다. 그래서 얼마나 LP가 일관되게 변동성에 충실한 조치를 하는지 파악해야 한다. 이를

종목명	기초자산	행사가	현재가		전일대비	(%)	거래량	기초현재가	손익분기점	잔존일수
한국7249KOSPI200풋	KOSPI200	195.00	790	▲	565	251.11	960	208.57	187.10	56
한국7387KOSPI200풋	KOSPI200	245.00	9,500	▲	6,085	178.18	1,250	208.57	150.00	119
대신7111KOSPI200풋	KOSPI200	185.00	485	▲	305	169.44	132,370	208.57	180.15	56
한국7312KOSPI200풋	KOSPI200	215.00	1,490	▲	785	111.35	470	208.57	200.10	84
굿모닝7224KOSPI200풋	KOSPI200	185.00	500	▲	260	108.33	418,460	208.57	180.00	56
굿모닝7199KOSPI200풋	KOSPI200	175.00	405	▲	205	102.50	315,870	208.57	170.95	84
신영7078KOSPI200풋	KOSPI200	170.00	90	▲	45	100.00	174,820	208.57	169.10	28
대신7088KOSPI200풋	KOSPI200	180.00	350	▲	175	100.00	37,820	208.57	176.50	56
굿모닝7176KOSPI200풋	KOSPI200	180.00	335	▲	165	97.06	153,600	208.57	176.65	56
굿모닝7175KOSPI200풋	KOSPI200	175.00	285	▲	140	96.55	24,882,420	208.57	172.15	56
삼성7073KOSPI200풋	KOSPI200	230.00	2,755	▲	1,350	96.09	4,000	208.57	202.45	119
대신7086KOSPI200풋	KOSPI200	190.00	520	▲	250	92.59	31,070	208.57	184.80	56

종 목 명	한국7249KOSPI200풋	기초 자산	KOSPI200	ELW 종류	지수
전 환 비 율	100.0000	최종 거래일	2007/10/11	잔존 일수	56
총 발 행 수 량	8,000,000	LP주문 가능여부	가능	e.기어링	-8.09 배
기 어 링 비 율	26.40 %	손익 분기율	-10.29 %	자 본 지 지 점	-9.91 %
내재 변동성	0.4625	역사적변동성(20)	0.3976	델 타	-0.30638

체크하는 방법은 뒷장에서 다루도록 하겠다.

(그림 1-4)에서 '한국7249KOSPI200풋'은 잔존일수가 56일 남아 있어서 LP는 호가를 의무적으로 제시해야 한다. 그런데 해당 상품의 거래량이 현저하게 떨어져 있음을 알 수 있다. 실제로 8월 2일부터 8월 16일까지 거래량이 전혀 없다가 8월 17일 하루 거래량이 960주였다. 이처럼 거래량이 적은 이유는 내재변동성이 25~40% 범위가 투자하기 적절한데, 변동성이 큰데다 손익분기 비율도 크기 때문이다. 손익분기 비율의 차이는 대체로 3~5포인트가 적당하다. 이 때문에 시장에서 외면 받은 것이다.

(그림 1-5)에서 코스피200 지수는 2007년 8월 2일부터 8월 17일까지 엄청난 하락을 거듭했다. 하루 최고 125포인트까지 빠지는 대폭락이 나오면서 시장은 그야말로 패닉 상태에 이른다. 그런데 이때를 틈타 그 동안 움직이지 않던 '한국7249KOSPI200풋'은 적은 거래량이지만 251%라는 성이적인 수익을 기록하였다. 이것은 바로 행사가와 기초자산 현재가의 괴리로 인하여 가격이 움직이지 않다가 뒤늦게 반영되면서 급등한 것이다.

쉽게 말하면, 일반적인 풋 워런트라면 코스피200이 떨어지면 수익이 나야 한다. 그런데 코스피200 지수가 떨어져도 '한국7249KOSPI200풋' 처럼 행사가가 지나치게 낮으면 수익으로 반영되지 않는 경우가 있다. 그러다 예상치 못한 과도한 급락으로 기

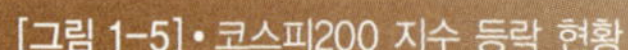

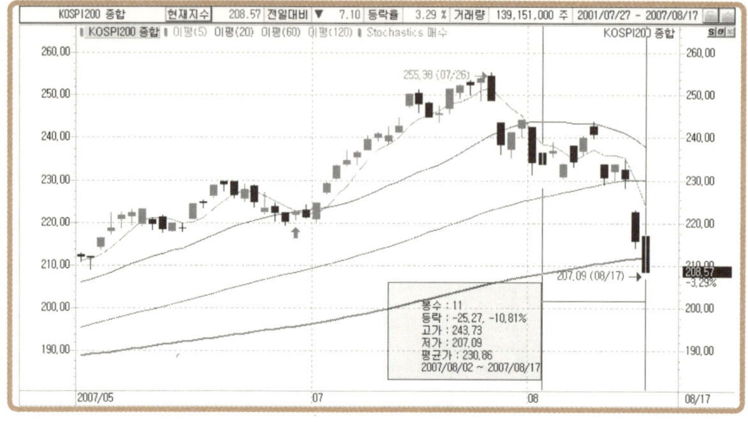

초자산 현재가가 행사가격에 가까워지면 그동안 수익에 반영 안 된 부분까지 한꺼번에 모두 반영되어 매우 높은 수익을 낸다.

여기에서 주목해야 할 점은 만약 기초자산은 상승하는데 내가 매수한 콜 워런트가 하락할 때 어떻게 해야 하는지다. 또 기초자산이 5% 이상 급등하는데 내가 매수한 콜 워런트가 1~2%밖에 오르지 않는다면 어떻게 해야 하는지다.

이럴 경우에는 첫째, 전날 워런트 가격이 기초자산 흐름보다 더 오르지 않았는지 되짚어 볼 필요가 있다. 둘째, 내재 변동성이 해당 워런트 표준보다 지나치게 높지 않은지 체크해 보아야 한다.

ELW는 어떻게 가격이 정해질까?

Equity

Linked

Warrant

ELW에는 주식과 다른 생소한 용어들이 있다. 이러한 점들이 자칫 ELW에 투자하는 투자자를 위축시킬 우려가 있다. 하지만 과거 훈련되지 않은 투자로 자산관리를 하다 큰 실수를 범하여 고통스러운 날들을 보냈거나, 기초를 제대로 갖추지 못하고 '묻지마 투자'에 임했다면 이번 기회를 통하여 기초를 탄탄하게 갖출 수 있는 기회로 삼는 것이 바람직할 것이다.

이 장에서는 ELW는 어떻게 가격이 결정되고 내가 가진 종목들이 어떤 이유로 움직여서 수익을 거두는지 알아 본다. ELW 거래를 할 때 자주 등장하거나 중요한 몇 가지 용어와 그 뜻을 이해하고 속수무책으로 손실을 내는 일이 없애도록 선별하여 정리해보자.

Chapter ..01

기초자산 :
'종목형' & '코스피200 지수'

ELW는 개별종목 또는 코스피200 주가지수를 기초로 하는 상품이다. 아무리 좋은 종목을 보유하고 있어도 주가에 아무런 변동이 없다면 의미가 없다. 대림산업의 경우, 주식 본주는 매우 좋은 주가의 흐름을 보이고 있다. 우량주 중장기 투자로 손색이 없는 종목인 것이다. (그림 2)를 보면 1년여 동안 75% 수익률을 기록했고, 꽤 큰 수익을 안겨 주었지만 ELW에서는 사실 큰 인기가 없었다.

대림산업이라는 종목의 좋고 나쁨의 문제가 아니다. 대림산업은 시가총액 상위 46위(2007년 8월 기준)를 차지하고 있지만, 대형주 가운데 주식 유동성이 다소 낮은 편이다. 그래서 이 종목을 선택했을 때 거래량이 따라주지 않아 대림산업 ELW의 가격 변동성도 매우 낮다. 앞에서 말했듯이 ELW는 본주가 1% 움직일 때 10% 정도의 변화가 따라주어야 하는 레버리지 효과가 있다. 그런데 대림산업 ELW는 대림산업의 주가 상승에도 거의 움직임이 없었다. 기초자산인 대림산업의 주가 상승을 예상하고 투자했는데 ELW 가격은 아무 변화없이 제자리에 있다는 것이다. 따라서 ELW를 선택할 때는 거래량과 유동성도 확인해야 한다.

대림산업의 주가가 상승했음에도 거래량은 거의 없어 송구스러울 지경이다. 이 경우 매매가 매우 어렵다는 단점이 있다.

여기서 권하고 싶은 것은 시가총액 상위 30위권에 있는 종목 가운데 우선주를 제외한 종목에 대한 투자다. 필자의 경험에 따르면

[그림 2] • 대림산업 주가 추이(2006년 1월 2일~2007년 5월 21일)

[그림 2-1]• 대림산업 ELW의 거래량

| 구분 | 기초자산 ▼ | 000210 ▼ ↓ | 대림산업 | | 전체 ▼ | | 설정 | 매도 | 매수 | 🔍조회 |

종목명	기초자산	행사가	현재가	전일대비(%)		거래량	기초현재가	손익분기점	잔존일수
굿모닝7384대림산업콜	대림산업	189,000.00	775 ▲	100	14.81	7,960	153,000.00	196,750.00	122
미래7145대림산업콜	대림산업	150,000.00	1,475 ▲	40	2.79	1,150	153,000.00	179,500.00	213
굿모닝7096대림산업콜	대림산업	87,500.00	7,000	0	0.00	0	153,000.00	157,500.00	45
굿모닝7283대림산업콜	대림산업	129,000.00	2,600	0	0.00	0	153,000.00	155,000.00	108
굿모닝7490대림산업콜	대림산업	182,000.00	1,095	0	0.00	0	153,000.00	203,900.00	199

종 목 명	굿모닝7384대림산업콜	기초 자산	대림산업	ELW 종류	주식
전 환 비 율	0.1000	최종 거래일	2007/12/07	잔존 일수	122
총 발 행 수 량	2,200,000	LP주문 가능여부	가능	e.기어링	6.03 배
기 어 링 비 율	19.74 %	손익 분기률	28.59 %	자 본 지 지 점	30.12 %
내재 변동성	0.5229	역사적변동성(20)	0.6543	델 타	0.30554

시가총액 30위권에 있는 종목들의 주식 유동성이 좋다. 그리고 콜
(Call)과 풋(Put)은 기본적으로 갖추었고 행사가격 범위 등 상품
구성이 다양하다. 이러한 ELW가 시장에서 관심이 높고 투자에 적
절하다.

코스피200 지수를 기초로 한 ELW는 사실 많이 권하고 싶지는
않다. 투자 경험으로 봤을 때 지수 흐름을 예측해서 투자한다는
것이 매우 어렵기 때문이다. 개별종목을 기초로 한 ELW는 해당
종목이 가지고 있는 이슈들로 인하여 종합주가지수가 하락해도
홀로 상승하는 굳건함을 보인다.

하지만 종합주가지수는 코스피 중대형주들의 움직임을 평균화

하여 하나의 지수를 만드는데다 프로그램 매수와 매도세에 따라 좌우되기 때문에 까다롭다.

또 한 가지 주목할 점은 투기자본이 갑자기 들어와 시장을 혼란스럽게 만드는 경우도 간혹 있다. 대개 만기일에 가까운 종목에서 많이 나타나거나 옵션만기일이나 트리플위칭데이가 도래하는 시기에 즈음해 엄청난 폭발력을 나타낸다.

앞장에서 언급했다시피 2007년 1월 10일 당시 거래 잔존일수가 하루 남은 '우리6191코스피200풋'과 '현대6180코스피200풋'은 각각 수익률 1,720%와 1,733%를 기록했다.

잔존기한 30일까지는 LP가 유동성을 공급한다. 하지만 30일 이하인 경우 유동성을 공급하지 않고 전적으로 시장 참여자들에게 맡긴다. 이 때문에 ELW 시장이 투기자본의 집합장소가 아닐까 의심할 정도의 경이적인 결과가 나오기도 한다.

Chapter ..02

행사가격 :
ELW 마지막 날 종가 맞히기

행사가격은 결론부터 말하면 거래 마지막 날에 종가를 맞추는 것을 의미한다. ELW 투자자가 개별종목 또는 주가지수를 만기에 사거나 팔 수 있도록 미리 정한 가격을 뜻한다. 행사가격은 최초 발행 시에 결정되고 해당 종목이 만기가 되어 상장 폐지될 때까지 바뀌지 않는다. 또한 기초자산과 현저하게 큰 차이를 보이면 ELW가 전혀 움직이지 않는 경우도 있기 때문에 매우 중요하다.

대체로 보수적인 투자자는 행사가격이 5% 내의 내가격 ELW를 골라 투자하고 공격적인 투자자는 행사가격이 10% 바깥에 있는 외가격 ELW를 선택한다.

내가격은 콜 ELW의 만기일 가격 행사가가 기초자산의 현재가보다 낮은 것을 뜻한다. 이와 반대로 풋 ELW는 높은 것을 의미한다. 또 외가격은 콜 ELW의 만기일 가격 행사가격이 기초자산의 현재가보다 높으며, 풋 ELW는 낮다. 한 가지 더 언급하면 등가격은 기초자산의 현재가격과 ELW의 행사가격이 같다는 것을 뜻한다.

주의할 점은 확실한 전망이 아니면 깊은 외가격은 피해야 한다는 것이다. 삼성전자의 현재가가 60만 원이라고 하자. 삼성전자의 콜 ELW에 투자하려고 하는데 행사가격이 100만 원인 ELW 종목에 투자했다면 어떻게 될까? 그 종목은 기초자산의 현재 가격과 행사가격 간 괴리가 너무 크다. 그래서 거래량이 거의 없을 수도 있다. 또한 상승폭이 기초자산의 움직임과 비교해 매우 소폭 움직여 투자하나 마나 하는 결과를 초래할 수 있다. 따라서 비교적 단기간에 실현 가능한 행사가격을 고르는 것이 좋다.

잠깐! 여기서 내가격, 외가격, 등가격의 차이점을 알아보자.

외가격와 내가격의 차이점

ELW 투자는 주식 거래보다 위험성이 크다. 하지만 그만큼 고수익이라는 점에 많은 투자자들이 관심을 가지고 있다. 그런데 ELW에 투자하다 보면 옵션처럼 외가격이나 내가격이란 것이 있다.

외가격(OTM·Out of the Money)은 콜 워런트를 기준으로 행사가격이 기초자산의 가격보다 높은 경우를 말하고, 가격 차이가 벌어질수록 깊은 외 가격이 된다. 풋 워런트의 경우는 반대로 생각하면 된다.

내가격(ITM·In The Money) 역시 콜 워런트의 경우 행사가격이 기초자산의 현재가격보다 낮을 때를 뜻하고, 풋 워런트의 경우 행사가격이 기초자산의 가격보다 높을 때를 말한다.

등가격(ATM·At the Money)은 기초자산의 가격과 행사가격이 거의 같은 상태를 뜻한다.

Chapter ..03

잔존기한(만기일) : 거래기간

이제 만기일을 고르기로 하자. 일단 잔존기한이 1개월 이상 긴 만기의 ELW를 선택한다. 전망이 확실하지 않다면 잔존기한이 한 달 미만의 단기 ELW는 피하는 것이 좋다.

앞서 말한 회원 '바우러브'의 예처럼 기초자산의 상승으로 보유한 워런트가 본격적인 반등을 주는 듯하다가 잔존기한이 짧아 만기일이 가까워 질수록 ELW는 상승의 힘이 매우 약해지기 때문이다. 이것을 '시간가치'라고 한다. 거래할 수 있는 기간이 많이 남지 않으면 기초자산의 상승률이 1일 10% 이상 올라도 ELW의 상승폭은 미미하거나 전혀 움직이지 않을 수 있다. 움직임이 없는 것은 종목에 따라 내재가치가 평가되지 않아 뒤늦게 폭등하는 경우이거나, LP가 호가제시를 하지 않은 상태에서 투기적인 매수세로 인하여 가격 왜곡 현상이 나타날 수 있다는 것이다.

Chapter ..04

내재변동성 :
기초자산 움직임 폭

이번에는 내재변동성(Implied Volatility)을 골라
야 한다. '뭐가 이렇게 어렵지' 라고 생각할 수도 있겠다. 하지만
이 정도의 수고 없이 1일 수십 퍼센트의 수익을 올릴 수 있다는 생
각조차 하지 말아야 한다. 또 지금까지 대충 '감' 이나 '정보' 에
의존하여 투자를 했던 투자자라면 이 기회에 과거의 잘못된 투자
습관을 과감히 버릴 것을 권한다.

ELW에서도 옵션처럼 내재변동성이 적용된다. 이것은 만기일
까지 주가가 얼마나 변할지 나타내는 지표로 활용된다. 내재변동
성이란 과거의 움직임을 기준으로 하여 향후 주가가 어떻게 변할
것인가를 나타내는 것인데, 10% 아래의 내재변동성을 가진 종목
보다는 평균 25~40%의 변동성을 가진 ELW가 기초자산의 움직임

에 대비하여 주가 변동성이 좋다.

ELW의 가치를 계산하는 데 사용되는 내재변동성은 앞으로 만기일까지 기초자산이 얼마나 크게 움직일 것인지를 예측해서 계량화한 수치이다. 기초자산 가격의 변동성이 커진다는 것은 앞으로 주가가 크게 상승 또는 하락할 가능성이 크다는 의미로 콜(Call)과 풋(Put) 모두 가격이 오른다.

내재변동성이 적당한 것을 찾아 투자하는 것에는 사실 어려운 점이 있다. 기초자산이 오르는데도 ELW는 하락하는 경우 등 여러 이유가 있겠다. 하지만 가장 먼저 주의해야 할 것이 내재변동성이다. 내재변동성이 높으면 기초자산과 반대로 움직일 수 있는데 적

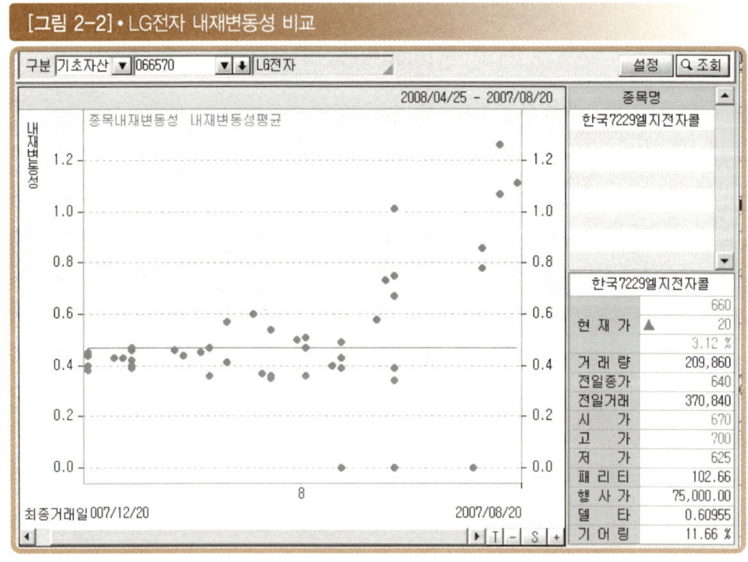

[그림 2-2] • LG전자 내재변동성 비교

당한 내재변동성은 25~40% 정도가 적당하며, 이 구간의 종목들은 낮게 평가된 것들이다.

(그림 2-2)처럼 LG전자의 주가는 2007년 1월과 8월을 보았을 때 7만7천 원(2007년 8월 8일 기준)으로 비교적 많이 올랐다. 하지만 과거 8만~9만 원대에 있을 때와 비교하면 LG전자의 투자자나 회사 입장에서는 안타까울 수도 있을 것이다. 이에 따라 ELW도 내재변동성이 25~40% 정도로 저평가된 종목이 많이 있다. 그림에서처럼 0.4에서 약간 위에 있는 붉은색 가로선이 기준이라고 보면 될 것이다.

그러나 상품에 따라 내재변동성이 높게 시작되는 종목도 있다. 기초자산의 주가가 크게 상승한 경우가 여기에 속한다. 2007년 상반기 업황 중에서 가장 많이 오른 조선과 증권 업종이 대체로 내재변동성이 높았다. 막연하게 25~40% 범위에서 찾아 매매하려는 독자들에게 유연한 사고를 하라고 말하고 싶다.

그렇다면 내재변동성이 커져 버렸거나 상품 발행이 된 지 며칠 되지도 않은 종목의 내재변동성이 50% 혹은 70% 이상이라면 어떻게 종목을 골라야 할까? 정답은 쉽다. 자신이 거래하는 증권사 HTS의 ELW 전체 안내에 관한 메뉴 창을 띄워 보면 'ELW 변동성 비교' 라는 카테고리가 나온다. 참고로 대우증권은 메뉴 창에서 메뉴 번호 '1490' 을 입력하면 'Ez-Q ELW' 라는 창이 뜨면서 확인할 수 있다.

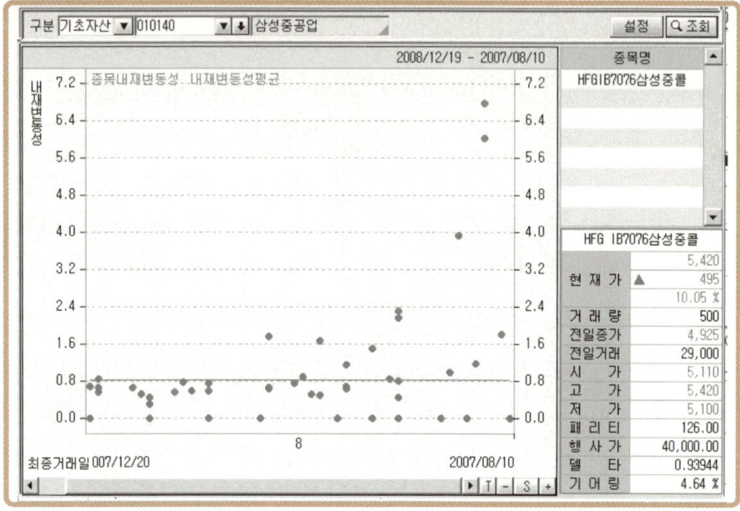

(그림2-3)처럼 0.8 부근에 가로로 붉은 선이 그어져 있다. 이것은 내재변동성의 고평가와 저평가를 나누는 기준선이라고 보면 된다. 따라서 무수히 많은 점들이 0.8을 기준으로 아래에 있으면 저평가이고, 위에 있으면 고평가를 의미한다. 증권사마다 두 자리 숫자나 소수점으로 표기하는 등 표시 방법은 다르다

0.0 자리에도 많은 종목들이 있다. 이들은 가격의 매력이 떨어지거나 ELW 가격이 너무 높아서 투자자들이 매수를 꺼릴 수 있다. 따라서 거래량 상위에 속하고 내재변동성 기준선에서 멀지 않은 곳에 있는 종목을 선택하도록 한다. 붉은 선은 HTS에서 나타나는 평가 수치이다.

Chapter ..05

유효 기어링(Effective Gearing)은 뭐야?

유효 기어링은 ELW의 수익을 예측하는 데 주로 사용하는 단위이다. (표 6)은 우리투자증권에서 발행한 현대차 ELW 콜(557,146)인 '우리7146현대차콜' 종목이다. 2007년 5월 16일을 기준으로 작성됐다.

아래의 (표 6)은 유효 기어링이 표기되어 있다. 유효 기어링은 증권사마다 명칭이 다소 상이할 수 있는데, 'e-기어링(effect

[표 6] • ELW 세부정보

콜/풋	만기일	행사가격	전환비율	현재가격	기초자산
콜	2007/11/09	60,000	0.05	500원	64,600
프리미엄(손익분기율)	기어링	기초자산	유효기어링	내재변동성	결제방식
8.35%	6.46%	현대차	4.35배	40%	현금결제

gearing)'이라고 부르기도 한다. (표 6)에서 유효 기어링은 4.35배다. 이것은 기초자산인 현대차 주가가 1% 상승하게 되면 4.35배 오른다는 것을 의미한다.

기초자산의 변화에 따라 유효기어링 비율도 변한다. 기초자산의 현재 가격과 행사가격의 차이가 클수록 유효 기어링은 커진다. 유효 기어링이 높을수록 ELW의 가격은 싼 반면, 레버리지 효과는 커져 투기 성향이 강하다고 볼 수 있다.

필자의 경험치로 보았을 때 'e-기어링' 비율은 기어링 5~10배 정도가 적당하다. 기초자산의 상승 흐름을 비추어 볼 때 이 정도의 비율을 지녀야 가격 움직임 폭이 활발하여 상품으로서 가치가 있기 때문이다. 또 시장에서 평가가 좋아지면서 거래량이 많이 수반되어 유동성도 활발해져 좋은 수익을 거둘 수 있다.

Chapter ..06

전환비율(Conversion Ratio) : ELW 1주로 전환할 수 있는 주식 수

전환비율은 ELW 1주로 만기에 전환할 수 있는 주식의 수를 의미한다. 다시 말하면 ELW 1주를 행사했을 때 얻을 수 있는 기초자산의 수이다. 예컨대 전환비율이 1이라면 ELW 1주를 행사하여 1주의 기초자산을 얻는다. 전환비율이 0.1이라면 ELW 1주를 행사해 0.1주의 기초자산을 얻는다. 따라서 전환비율이 클수록 얻을 수 있는 기초자산이 많아진다.

그러나 이것은 투자 수익률이 높다는 말이 아니다. 전환비율이 작으면 대개 발행가격이 싸지고 그만큼 적은 돈을 투자해도 된다. 반대로 전환비율이 커지면 발행가격이 높아지고 더 많은 돈을 투자하게 된다. 투자 수익은 만기 평가가격과 행사가격과의 차액을 전환비율만큼 받기 때문에 전환비율은 투자 규모에만 영향을 줄

뿐 수익률 자체에는 영향을 미치지 않는다.

'우리7146현대차콜'을 살펴보면 다음과 같다

현대차의 만기 가격이 80,000원이라면 ELW는 (80,000원-60,000원)×0.05=1,000원의 가치가 있다. 따라서 ELW 20주를 사면 현대차의 주식 1주를 산 것과 같은 효과를 볼 수 있다.

전환비율이 작을수록 ELW의 가격이 싸게 보이는 착시 현상을 일으킬 수 있기 때문에 전환비율을 꼭 확인해야 한다.

ELW 실전매매를 위한 전략

Equity

Linked

Warrant

Chapter ..01

거래량이 없는 종목은 피하라

아래의 (그림 3)과 (그림 3-1)에서 몇 가지 예를 살펴보자. 우선 2007년 5월 21일 기준으로 '우리7226KOSPI200콜'의 경우 잔존일수는 81일 남았고 행사가가 210, 기초 현재가가 208.74다. 결국 이 종목은 등가격에 접근하여 실현 가능성이 있다.

[그림 3] • 코스피200 거래량이 있는 경우

종목명	기초자산	행사가	현재가	전일대비	(%)	거래량	기초현재가	손익분기점	잔존일수
우리7095KOSPI200콜	KOSPI200	195.00	1,820	▲ 600	49.18	300	208.74	213.20	25
우리7164KOSPI200콜	KOSPI200	200.00	1,305	▲ 240	22.54	1,798,200	208.74	213.05	53
한국7225KOSPI200콜	KOSPI200	217.00	695	▲ 95	15.83	518,020	208.74	223.95	116
굿모닝6552KOSPI200콜	KOSPI200	200.00	1,010	▲ 135	15.43	1,131,480	208.74	210.10	25
굿모닝6578KOSPI200콜	KOSPI200	200.00	1,225	▲ 160	15.02	1,697,490	208.74	212.25	53
우리7101KOSPI200콜	KOSPI200	190.00	1,985	▲ 245	14.08	90,060	208.74	209.85	32
하나7053KOSPI200콜	KOSPI200	210.00	735	▲ 90	13.95	164,350	208.74	217.35	81
우리7163KOSPI200콜	KOSPI200	190.00	2,030	▲ 245	13.73	260	208.74	210.30	53
굿모닝6579KOSPI200콜	KOSPI200	205.00	875	▲ 105	13.64	7,392,800	208.74	213.75	53
하나7055KOSPI200콜	KOSPI200	207.50	1,095	▲ 125	12.89	131,400	208.74	218.45	124
우리7226KOSPI200콜	KOSPI200	210.00	840	▲ 95	12.75	19,583,750	208.74	218.40	81
대신7059KOSPI200콜	KOSPI200	200.00	1,740	▲ 190	12.26	1,501,050	208.74	217.40	116

하지만 거래량이 많으면 자칫 LP 보유물량이 줄어들 수 있다는 단점이 있다. 주식시장의 흐름이 좋아 계속 상승하면 시장 참여자들이 너도나도 만기일까지 들고 가서 권리행사를 할 가능성이 있기 때문이다. 따라서 LP 보유물량도 수시로 체크하면서 거래하는 것이 바람직하다.

ELW 투자를 할 때는 기초자산이 행사 가능성이 있는 종목을 선택해야 한다. (그림 3)에서 300주가 거래되고 있는 것을 볼 수 있다. 이는 아마도 특정한 매수 집단과 매도 집단이 합의 하에 물량을 주고 받는 실현하기 힘든 거래 같다. 참고로 이날 굿모닝신한증권에서 300주를 매도하고 삼성증권에서 300주를 매수했다.

[그림 3-1] • 코스피200 거래량이 없는 경우

종목명	기초자산	행사가	현재가	전일대비(%)		거래량	기초현재가	손익분기점	잔존일수
신영7077KOSPI200콜	KOSPI200	200.00	1,535	0	0.00	0	208.74	215.35	116
우리7093KOSPI200콜	KOSPI200	175.00	1,670	0	0.00	0	208.74	208.40	25
우리7094KOSPI200콜	KOSPI200	185.00	2,280	0	0.00	0	208.74	207.80	25
삼성7017KOSPI200콜	KOSPI200	185.00	2,325	0	0.00	0	208.74	208.25	53
현대7038KOSPI200콜	KOSPI200	160.00	4,545	0	0.00	0	208.74	205.45	25
삼성7006KOSPI200콜	KOSPI200	190.00	1,055	0	0.00	0	208.74	200.55	25
현대7054KOSPI200콜	KOSPI200	175.00	3,205	0	0.00	0	208.74	207.05	53
우리7162KOSPI200콜	KOSPI200	180.00	2,720	0	0.00	0	208.74	207.20	53
한국7047KOSPI200풋	KOSPI200	162.00	5	0	0.00	0	208.74	161.95	25
삼성7027KOSPI200콜	KOSPI200	185.00	2,320	0	0.00	0	208.74	208.20	81
삼성7016KOSPI200콜	KOSPI200	180.00	2,555	0	0.00	0	208.74	205.55	53
삼성7005KOSPI200콜	KOSPI200	185.00	2,265	0	0.00	0	208.74	207.65	25

(그림 3-1)은 가격 프리미엄이 많이 붙었다. 가격 프리미엄은 해당 LP와 발행사가 상품을 만들 때 들어간 비용과 변동성에 따라 혹시나 있을 수 있는 손실분까지 상품 가격에 포함시킨다. 하지만

가격이 발행될 때부터 너무 높게 책정되면 시장에서 외면 당할 우려가 크다.

이러한 ELW는 실현 가능성이 매우 희박하고 거래량도 매우 적다. 그리고 잔존기한도 대체로 짧다는 특징이 있다. 주식투자는 개별종목과 그 회사의 가치 등에 투자하는 것이므로 그 자체가 투자 대상이다. 하지만 ELW는 옵션이 결합되어 있는 것이라서 실현 가능성이 작은 것은 투자 대상에서 제외해야 한다.

[그림 3-2] • 삼성전자 ELW

종목명	기초자산	행사가	현재가	전일대비	(%)	거래량	기초현재가	손익분기점	잔존일수
한국7123삼성전자풋	삼성전자	530,000.00	605	▲ 40	7.08	350,330	552,000.00	499,750.00	193
하나7059삼성전자풋	삼성전자	566,000.00	1,860	▲ 110	6.29	1,209,850	552,000.00	528,800.00	124
우리7149삼성전자풋	삼성전자	530,000.00	435	▲ 20	4.82	3,581,660	552,000.00	508,250.00	110
굿모닝7021삼성전자풋	삼성전자	620,000.00	1,440	▲ 65	4.73	230	552,000.00	548,000.00	54
대신6079삼성전자풋	삼성전자	640,000.00	1,815	▲ 60	3.42	7,510	552,000.00	549,250.00	26
굿모닝6635삼성전자풋	삼성전자	610,000.00	1,370	▲ 40	3.01	574,680	552,000.00	541,500.00	68
한국7021삼성전자풋	삼성전자	560,000.00	535	▲ 15	2.88	368,100	552,000.00	533,250.00	53
굿모닝7057삼성전자콜	삼성전자	550,000.00	445	▲ 10	2.30	27,660	552,000.00	594,500.00	124
굿모닝7178삼성전자풋	삼성전자	520,000.00	1,215	▲ 25	2.10	1,140,000	552,000.00	495,700.00	159
우리7198삼성전자콜	삼성전자	705,000.00	170		0 0.00	0	552,000.00	713,500.00	157
하나6147삼성전자콜	삼성전자	699,000.00	20		0 0.00	0	552,000.00	699,400.00	33
우리7020삼성전자콜	삼성전자	670,000.00	5		0 0.00	30,210	552,000.00	670,250.00	26

(그림 3-2)은 삼성전자가 2007년 5월 21일 55만2천 원까지 하락했을 때다. 이때의 ELW는 '우리7198삼성전자콜' 의 경우 기초자산의 현재가격과 행사가의 차가 너무 커서 거래량이 전혀 없다. 즉, 거래가 전혀 안 된다. 또 '우리7020삼성전자콜' 은 현재 ELW 가격이 5원이고 잔존일수는 26일이다. 따라서 LP들의 유동성 공급이 중단되었고 단순히 시장 참여자들끼리 매매를 하고 있기 때문에 거래량이 매우 적다.

Chapter ..02

잔존기한 1개월 이하인
종목은 사지 마라

ELW는 거래량 못지않게 중요한 것이 있다. 바로 만기(잔존기한)다. 종목마다 거래할 수 있는 기간이 있다. 이 때문에 거래기간이 많이 남아 있는 종목을 선택하는 것이 원칙이다. 만기 1개월 전부터는 LP의 호가제시 의무가 면제되어 유동성 공급의 이유가 없어 가격 왜곡 현상이 올 수 있기 때문이다.

만약 삼성전자를 기초자산으로 하는 콜 워런트를 매수하였는데 삼성전자가 3% 상승하고 있다면 삼성전자 콜 워런트의 가격도 크게 올라야 한다. 그런데 LP가 호가제시를 하지 않는 기한이 되면 거래량이 감소할 수 있고, 기초자산은 상승해도 전혀 가격 변화가 없는 경우가 발생한다. 따라서 잔존기한이 넉넉한 종목을 선택하는 것이 바람직하다.

Chapter ..03

LP가 제시하는 호가를 주목하라

현실적으로 가능한 가격에 주목하라. 기초자산이 현재가격과 10%나 차이 나는 종목은 삼가할 필요가 있다. 너무 가격 차가 벌어지면 레버리지 효과가 크기 때문에 기초자산 대비 ELW의 상승폭이 커진다. 하지만 기초자산 주가가 예상과 반대로 가면 워런트 가격의 낙폭도 커진다. 등락폭이 커지면 높은 수익률을 올릴 수 있는 ELW의 특징을 오히려 반감시키는 역효과를 볼 수 있다.

LP가 제시하는 가격도 중요하다. (그림 3-3 : LP 호가제시)는 LP가 호가를 제시하는 형태이다. 기초자산이 상승하고 있는데 (그림 3-3)처럼 호가 공백이 나타나 있는 상황에서 투자자가 155원에 매수

매도주문	LP잔량	호가	LP잔량	매수주문
		190		
		185		
		180		
		175		
		170		
		165		
		160		
	20,580	155		
		150		
		145	38,000	
		140		
		135		
		130		
		125		
		120		
		115		
0	20,580	합 계	38,000	0

를 하게 되면 곤경에 빠질 수도 있다. 왜냐하면 기초자산이 계속 올라 매도 시점에 다다랐을 때 호가 공백으로 인하여 매도하기 어려워질 수 있기 때문이다.

따라서 LP는 (그림 3-4)처럼 매도가격과 매수가격을 제시할 때는 LP가 제시하는 포인트에서 매수해야 한다. 이때 주의하여야 할 점은 기초자산의 등락이 활발하지 않으면 쉽게 매수하기가 힘들다는 것이다. 다시 말하여 끊임없이 횡보하는 기초자산이라면 LP의 변화도 매우 둔하다는 얘기다.

이미 강조했듯이 ELW는 기초자산의 변화가 있어야만 움직인다. 따라서 횡보 장세에 있는 기초자산을 골라 어렵게 매매하는 것보다는 등락이 활발한 종목을 찾아 매매하는 것이 좋다.

매도주문	LP잔량	호가	LP잔량	매수주문
		210		
		205		
		200		
		195		
		190		
		185		
	88,000	180		
		175	98,490	
		170		
		165		
		160		
		155		
		150		
		145		
		140		
		135		
0	88,000	합 계	98,490	0

(그림 3-4)에서는 175원에 LP와 투자자 모두 매수 대기자이다. 가급적 LP의 매수가격과 궤를 같이 하여 사는 전략이 필요하다. 그래야만 호가에 공백이 발생해도 매도를 원활히 할 수 있다.

Chapter ..04

ELW 가격결정 요인을
제대로 활용하라

ELW에 투자하기 위해서는 앞의 내용들을 잘 기억하고 중요한 팁을 토대로 매매해 보는 것이 중요하다. 먼저 기초자산을 지수형으로 할 것인지, 종목형으로 할 것인지를 선택한다. 필자는 지수형을 권하고 싶지 않다. 독자들이 대개 초보라는 점을 감안한다면 향방을 가늠하기가 어려운 지수형보다는 비교적 예측이 쉽고 용이한 종목형이 좋겠다.

ELW는 레버리지를 이용해 주식투자에 비해 고수익을 올릴 수 있는 공격적인 투자다. 하지만 이외에도 ELW를 통해 손실을 제한하거나, 위험관리 차원에서 일종의 보험과 같은 수단으로 활용하는 등 다양하게 전략을 구사할 수 있다.

ELW의 가격은 전환비율이 낮을수록 싼 것처럼 보이는 착시 효과를 일으키기도 한다. 때문에 여러 ELW 종목의 가격을 비교할 경우 전환비율을 꼭 확인해야 한다. 전환비율은 지수형의 경우 '100'인 것을 선택하는 것이 좋다. 지수형 ELW의 전환비율이 100이라는 것은 그야말로 1:1로 바꿔 주겠다는 약속이다.

종목형의 전환비율은 대체로 '0.2' 정도가 좋다. 더 높은 것도 있겠지만, 0.2 이상인 비율을 가진 종목은 많이 접하기 힘들다. 전환비율이 0.2인 굿모닝7027현대차콜 ELW 5주를 사면 현대차 주식 1주를 산 것과 같은 효과를 볼 수 있다. 0.2 이하이면 전환되는 비율이 낮고, 가격 탄력성도 떨어져 수익성을 높이는 데 장애가 될 수 있다.

또 앞서 언급한 것처럼 거래량이 많은 종목이나, 행사가가 기초자산의 현재가 대비 3~10% 범위 안에 있는 종목을 선택하면 유동성이 많이 유입되어 가격 변화나 수익 관리 면에서 좋다. ELW는 기초자산이 상승했어도 투자자가 매수한 가격 아래로 가격이 책정되는 경우가 있다. 이때에는 지나친 매도세가 나왔다거나, 변동성과 기초자산의 행사가격이 지나치게 높아 오히려 기초자산의 상승에도 불구하고 ELW의 가격은 하락할 수 있다.

다음으로 중요한 것은 ELW의 내재변동성과 역사적 변동성이다. ELW의 가치를 계산하는 데 필요한 내재변동성과 역사적 변동성은 앞으로 만기일까지 기초자산이 얼마나 크게 움직일 것인지, 과거 ELW가 얼마나 움직여 왔는지를 계량화한 수치다. 기초자산의 가격 변동성이 커진다는 것은 앞으로 주가가 크게 변동하여 상승하거나 하락할 가능성이 크다는 의미한다. 따라서 변동성이 커지면 콜과 풋 모두 가격이 오른다.

내재변동성과 역사적 변동성이 모두 20~40%라면 적합한 투자 대상이다. 그만큼 저평가되어 있어서 더 가치가 오를 수 있다는 것이다.

Chapter ..05

ELW 매매 시 이런 점에 주의하라

1. 사전에 위험고지 등록

ELW 투자로 고수익을 올릴 수 있는 점이 있으나 투자나 헤지 수단이 아닌 투기로 변질될 수 있다. 따라서 위험고지는 증권사에서 하지 않더라도 투자자가 늘 염두에 두어야 할 것이고, 투자금 관리도 철저하게 하여 뇌동매매를 하지 않아야 한다.

투자자가 증권 계좌를 보유하고 있어도 ELW는 보유자산 전액에 대하여 손실을 볼 수 있다. 따라서 거래하는 증권사에 위험고지 등록을 마쳐야 거래가 가능하다. 이를 위하여 별도의 납입자금이나 신규 계좌가 필요하지 않다. 기존 위탁계좌가 있다면 ELW 거래 전에 사전 위험고지 등록만 마치면 언제라도 ELW 매매를 할 수 있다.

2. 거래량 확인

ELW는 거래량이 많지 않을 경우 매매가 어렵다는 점을 고려하여야 한다. 주식은 대체로 특정 한 가지 종목으로 국한된다. 하지만 여러 가지 특성을 가진 동일 종목이 있는 ELW의 경우 거래량이 많은 종목을 선택해야 거래가 용이하다.

3. LP 보유량 확인

ELW는 주식처럼 시장 참여자들에 의하여 주식이 항상 돌고 도는 것이 아니라 LP가 가진 물량 한도 내에서 거래를 한다. 따라서 LP가 보유한 물량을 항상 체크하여 그 양이 100%에 근접한 종목을 선택하여 매매해야 한다.

LP가 가진 발행물량이 100% 소진된 경우, 유동성 공급에 있어서 LP들의 호가제시가 없어진다. 이때 가격이 형성되지 않거나 호가가 지나치게 낮아질 수 있다는 점에 유의해야 한다.

4. 장 마감 동시호가 준수

ELW는 별도의 동시호가 시간이 없다. 주식 거래시장에서 오후

2시 50분부터 동시호가에 들어가면 사실상 ELW는 거래가 중단되었다고 해도 과언이 아니다. 간혹 일부 기초자산의 강세로 인하여 ELW도 동시호가 시간에도 꾸준하게 거래되지만, 그야말로 드문 경우일 뿐 보편적이지 않다. 따라서 동시호가 시간 전에는 거래를 마치는 것이 바람직하다.

5. 거래기간 확인

만기 30일 전까지만 LP가 호가를 제시하기 때문에 유동성으로 인하여 그 가치는 ELW에서는 생명과도 같다. 따라서 만기일이 많이 남았거나 최소 50일 정도가 남은 종목에 투자하여야 한다.

ELW 실전매매를 위한 기술적 분석

Equity

Linked

Warrant

ELW는 주식 거래처럼 기술적 분석법에 대한 핵심적인 몇 가지만 이해하면
쉽게 매매할 수 있다. 그 가운데 기초랄 수 있는 캔들의 이해와 분석 방법에 대
하여 알아 보기로 하자.

Chapter ..01

캔들의 이해와 매매기법

캔들은 크게 양봉과 음봉으로 나뉜다. 양봉
이 나오는 경우는 전일 종가보다 현재가격이나 종가가 높게 결정

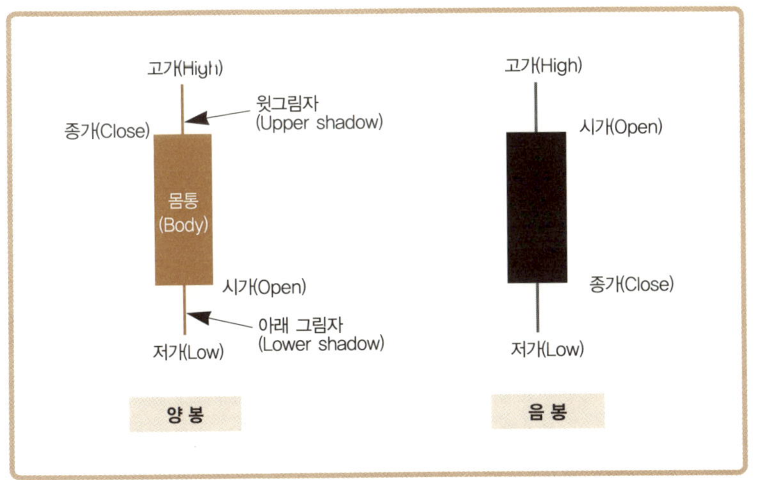

되었기 때문이 아니다. 시가보다 종가가 높게 나왔을 때 양봉이 나오고, 음봉은 시가보다 종가가 낮게 나왔을 때가 해당한다.

또한 양봉과 음봉 외에 긴 장봉과 짧은 단봉으로 이루어진다. 우선 장봉의 의미와 형태를 살펴보기로 한다.

단일 캔들로 본 매매기법(1)

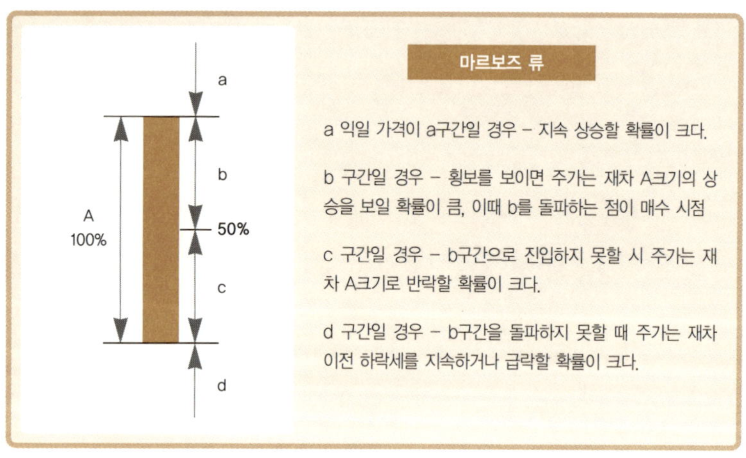

마르보즈(Marubozu)의 사례를 (그림 4-1)에서 살펴보면 첫 번째 원의 매도 신호는 'd' 구간에서 다음 캔들이 형성된다. 이 같은 경우 전일 종가를 갱신하지 못하면서 상승세가 약화된다. 따라서 이때는 매도 포지션을 취해야 한다.

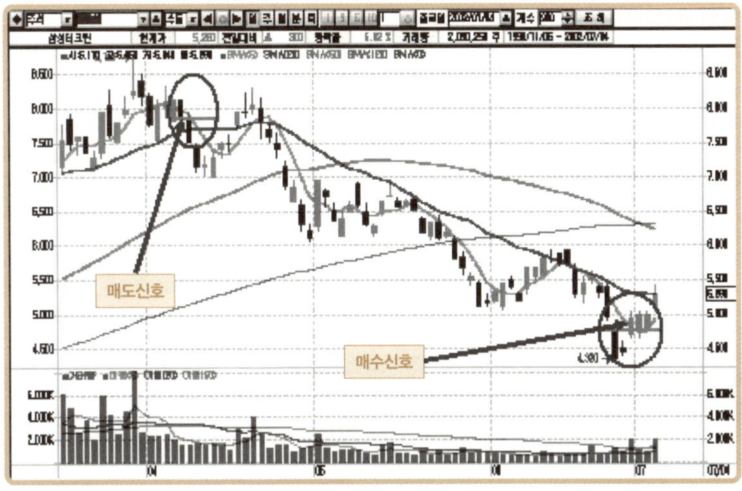

반면 매수 구간에서는 음봉 캔들 다음의 'a' 구간에 캔들이 형성되어 전일 종가를 상회하면서 적극적인 매수세가 나오고 있다. 이 구간을 보면 거래량까지도 전날에 비하여 늘어난 것을 확인할 수 있다. 따라서 이때 매수 포지션을 취해야 한다.

단일 캔들로 본 매매기법(2)

스타(Star)의 매매신호 사례도 앞서 마루보즈와 유사하다. (그림 4-2 : 스타 및 도지류 매매신호)를 살펴보면 'a' 구간에서 형성되는 주가는 전날보다 더욱 강력한 매수세가 들어오면서 주가 상승을

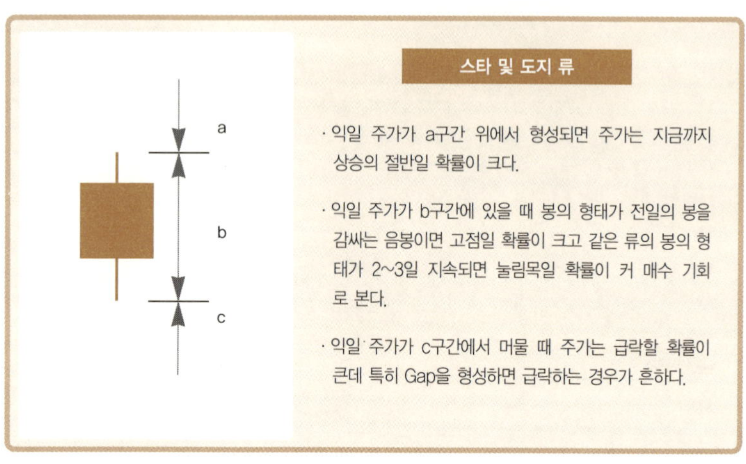

가속시키는 모습을 볼 수 있다. 반대로 'c' 구간에서 형성된 주가는 하락세를 부추기면서 하락하고 있다.

[그림 4-2] · 스타 및 도지 류 매매신호

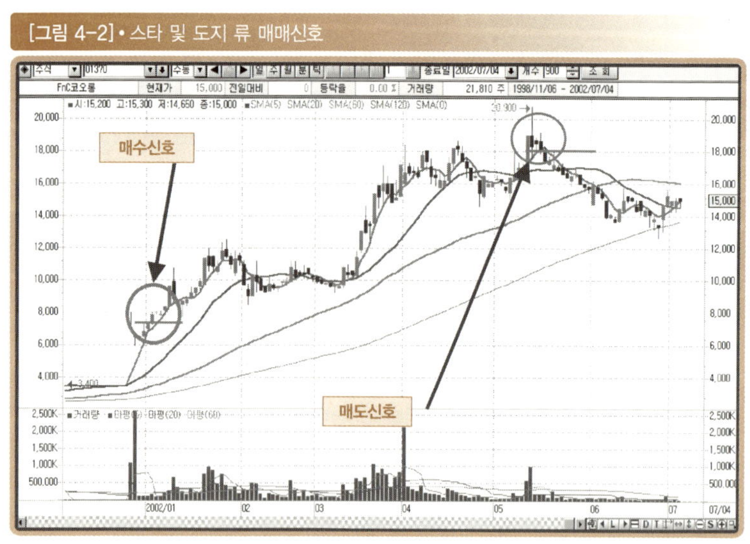

Chapter ..02

이동평균선 분석방법

이동평균선은 캔들 분석법과 함께 주가 예측의 기초적인 기술 분석 방법 중 하나다. 어느 것이 더 우월한 것인지를 가늠하는 것은 무의미하다. 왜냐하면 주식시장은 살아 숨쉬고 있고 늘 능동적인 대처가 필요하기 때문이다. 한 가지 방법만 고수하고 있다간 다른 변수로 인하여 제때 얻지 못하므로 유연한 대처와 사고가 필요하다.

이동평균선은 일정기간 주가 평균치의 진행 방향을 확인하고 현재의 주가 진행 방향과 어떤 관계가 있는지 분석하는 데 미래 주가 동향을 예측하는 지표다. 또한 추세 분석기법의 일종으로 그 특징은 단기적 변화에 평활하게 적용할 수 있고 많은 융통성을 가지고 있다. 또 기계적 매수·매도 신호로서 객관적인 분석법이라고 본다. 다만 후행성이고, 추세 전환 시점과 인식 시점 간 시차가 존재한다는 단점이 있다. 이동평균선은 강세장일 때 단기-중기-장기 이동평균선이 바르게 배열되어 상승하고, 약세장일 때에는 아래에서 파동 운동을 한다. 횡보 상태일 경우 밀착한 상태에서 파동 운동을 하다가 방향을 결정하기도 한다. 이동평균선이 서로 교차할 때는 매수나 매도신호로 활용된다.

이동평균선을 분석하는 데는 여러 가지 방법이 있다.

1. 방향성 분석

이동평균선의 상·하향 방향성을 통한 주가 분석이 가능하다.
단기-중기-장기 이동평균선의 방향이 상승 또는 하락하는 모습을
보면서 주가의 방향을 예측할 수 있다는 것이다. (그림 4-3 : 방향선
분석 차트)처럼 단기 이동평균선이 먼저 상승을 하면 상승 전환되
고, 반대로 단기-중기-장기선 형태로 전환될 때는 하락하는 과정
을 거친다.

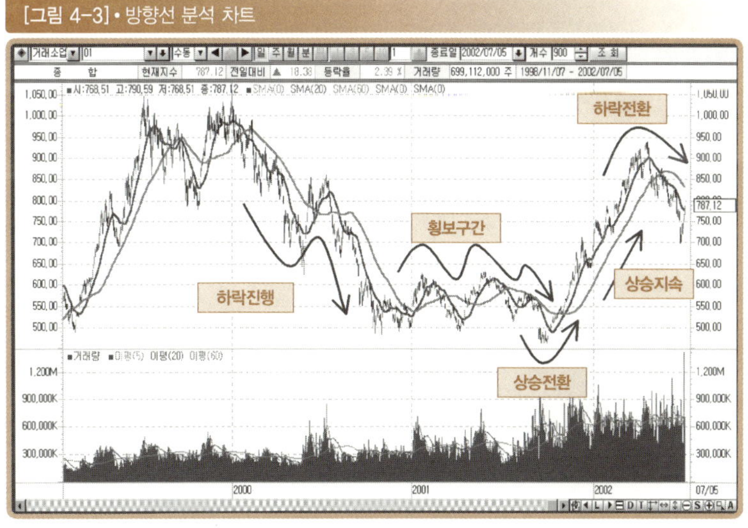

[그림 4-3] • 방향선 분석 차트

2. 배열도 분석

단기-중기-장기 이동평균선이 위부터 차례로 배열된 모습을 '정배열' 이라고 하고 반대 배열은 '역배열' 이라고 한다. 이를 통하여 주가의 움직임을 분석할 수 있다.

주가의 움직임은 일반적으로 정배열에서 시작하여 역배열로 전환 후에 하락하다가 다시 정배열 순서로 순환된다.

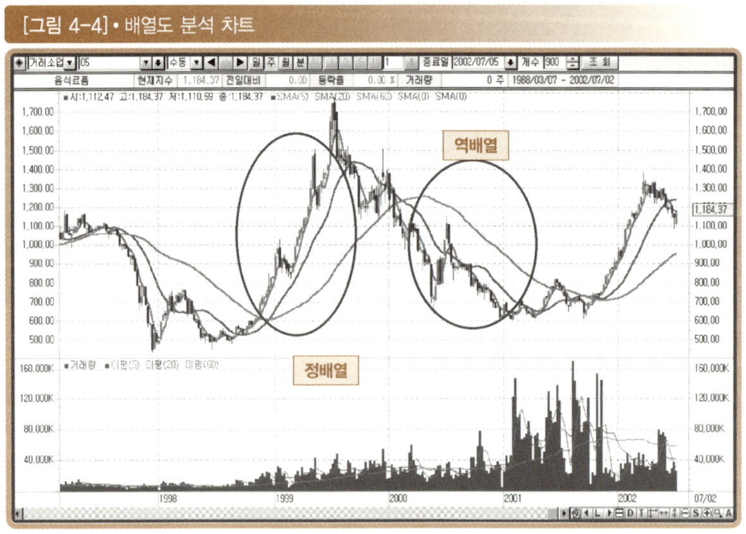

[그림 4-4] • 배열도 분석 차트

3. 지지, 저항선 분석

지지란 주가 하락을 저지할 수 있는 실질적 또는 잠재적인 매수
세가 예상되는 지점을 말한다. 이런 지점들을 선으로 연결시킨 것
을 지지선이라고 한다.

한편 저항이란 주가 상승을 저지할 수 있는 실질적 또는 잠재적
인 매도세가 예상되는 지점을 뜻하고, 저항선은 이런 지점들을 선
으로 연결해 놓은 것이다. 이동평균선의 지지와 저항선으로 작용
할 수 있어서 분석할 때 활용하기도 한다.

[그림 4-5] • 지지, 저항선 분석 차트

4. 밀집도 분석

이동평균선은 붙어 있으면 떨어지려고 하고 떨어지면 붙으려고 하는 성질이 있다. 이동평균선 간 거리를 통하여 밀집도를 분석할 수 있다. 이동평균선의 간격이 붙어 있을 때는 상승을 위한 준비 단계이고, 그후 주가는 상승하게 된다. 또 이동평균선 간 거리가 점차 멀어질 때는 본격적인 하락을 하게 된다.

이동평균선 간 간격을 '이격도'라고 부르는데 이 거리에 따라 주가가 상승하거나 하락한다.

5. 크로스 분석

이동평균선은 골든 크로스(Golden-Cross), 데드 크로스(Dead-cross)를 이용하여 매수·매도 타이밍을 잡는 데 이용하기도 한다. 이동평균선을 분석하는 데 가장 많이 알려져 있는 방법이다.

단기 이동평균선이 중장기 이동평균선을 하향 돌파하는 것을 '데드 크로스'라고 하고 이때는 매도 신호로 본다. 반대로 단기 이동평균선이 중장기 이동평균선을 상향 돌파하는 것을 '골든 크로스'라고 하고 이때는 매수신호로 본다.

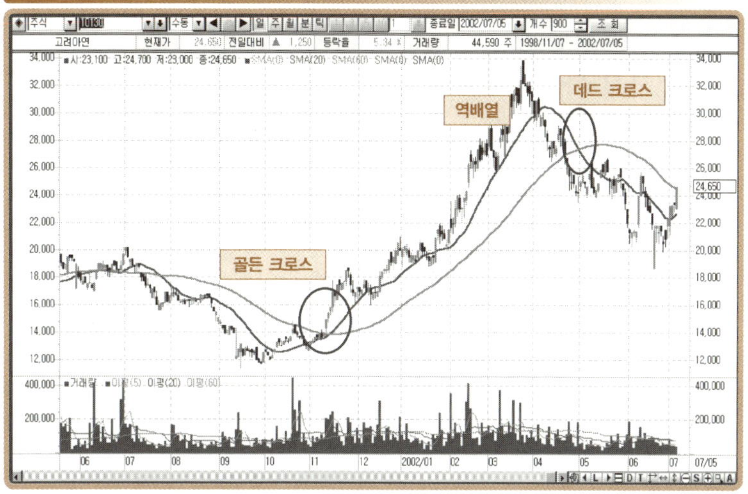

역배열
데드 크로스
골든 크로스
고려아연

추세 이해와 분석방법

독자 여러분은 주식투자를 하면서 '추세' 라는 단어를 많이 들었을 것이다. 2007년 4월부터 주가가 대세 상승을 지속하면서 여전히 우리나라의 주가 상승 추세가 '견조' 하다는 언론 보도와 함께 애널리스트들의 보고서를 보면 '추세' 는 계속 살아 있다는 말을 많이 들었을 것이다. '추세' 가 무엇인지 자세하게 몰랐다면 주목해야 한다.

추세(Trend)는 주가의 진행 방향을 말하는 것으로 주가의 나침반과 같다. 추세를 분석하는 목적은 한번 방향을 정하면 계속 진행하려고 하는 주가의 성질을 이용하여 고점과 저점을 파악하고 이를 매매에 적용하기 위한다는 것이다.

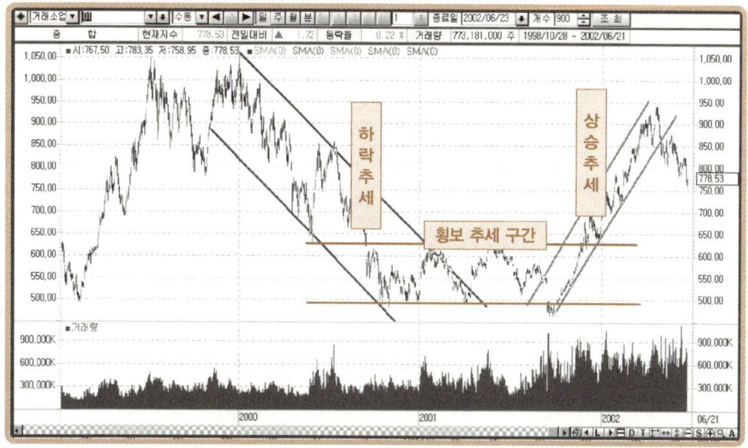

(그림 4-7 : 추세 차트)에서처럼 주가의 흐름은 하락-횡보-상승의 순서로 움직인다. 전고점과 전저점을 계속 돌파하면서 상승하면 상승 추세가 지속되는 것으로 판단한다. 반면 중장기 이동평균선의 지지를 받지 못하고 고점과 저점이 계속 낮아지면 하락 추세로 본다.

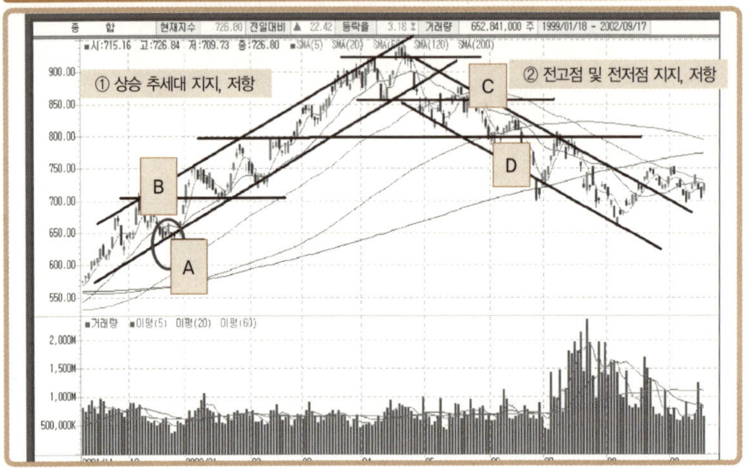

[그림 4-8] • 추세 차트

(그림 4-8 : 추세 차트)에서 ①번 구간은 상승 추세이다. 저점과 고점을 계속 높여가면서 고점 저항(가로 굵은선)을 상향 돌파하면서 계속 주가가 우상향하여 가는 것을 확인할 수 있다. 이때 이동평균선은 20일선에서 계속 지지를 받는 점을 확인할 수 있다.

②번은 이동평균선조차도 하향을 그리면서 주가의 일시적인 반등에도 전고점 구간을 돌파하지 못하면서 지지선을 계속 하향 돌파하는 것을 확인할 수 있다.

상승 추세에서 매수신호는 A지점과 고점선을 돌파하는 B지점이고, 하락 추세에서 매도신호는 고점이 낮아지는 C지점과 저점 추세 지지선을 하향 돌파하는 D지점이다.

패턴 분석방법

패턴 분석은 주가가 추세 전환을 위하여 조정국면에 들어갈 때의 모습을 분석하는 기법이다. 패턴 분석에서는 가격 움직임 외에 거래량 변화도 중요한 역할을 한다. 거래량은 가격 패턴이 불분명할 때 동시에 적용하여 검토함으로써 패턴을 확인해 주는 역할을 한다.

패턴은 추세선과 외곽선으로 이루어진 가격의 움직임이 특정한 형태로 매수세와 매도세의 상호관계를 분석하여 가격 움직임을 예측할 때 활용할 수 있다. '추세' 와 '패턴' 은 비슷해 보일지도 모른다. 하지만 '추세' 는 큰 틀에서 주가의 전체적인 움직임인 즉 상승인지, 하락인지, 횡보인지를 구분하는 것을 말한다.

'패턴' 은 주가가 흘러가는 움직임의 특징을 파악하여 향후 전

개될 주가의 흐름을 즉각적으로 예측하는 것으로 패턴을 이해하면 큰 흐름인 '추세'도 볼 수 있다.

패턴의 종류에는 크게 전환 패턴과 지속 패턴 두 가지가 있다. 전환 패턴은 상승이나 하락 추세의 전환 시점에서 나타난다. 또 모든 전환 패턴에는 그 패턴이 가고자 하는 방향을 바꾸려고 하는 모습을 갖추고 있고, 이때 전환 패턴이 추세를 바꾸기도 한다.

천장에서 패턴이 나타나면 저점에서의 패턴보다 지속되는 기간이 짧고 불안정하다. 반면, 저점에서의 패턴은 일반적으로 가격폭이 좁고 오랜 기간이 걸리기도 한다.

거래량은 패턴에 직접적인 영향을 주는데, 보통 하락할 때보다 상승할 때 중요한 의미를 가진다. 주가가 상승하려면 거래량을 수

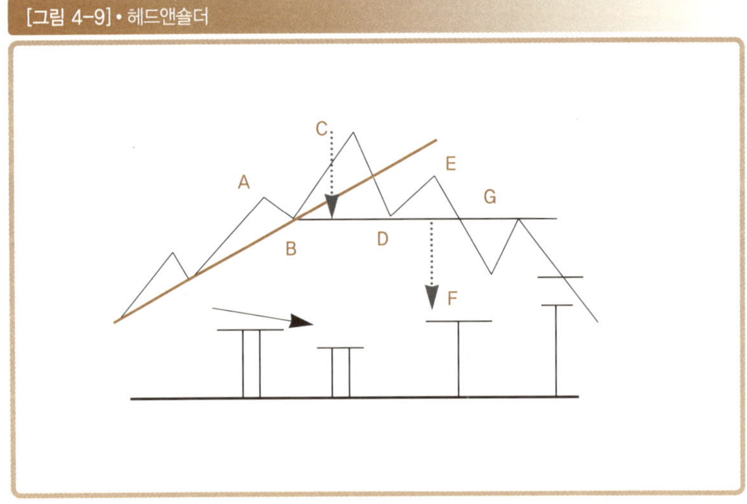

[그림 4-9] • 헤드앤숄더

반하면서 큰 움직임이 있어야 크게 갈 수 있기 때문이다. 반대로 거래량이 점차적으로 줄어들면 주가가 하락을 염두에 두고 있다고 보면 된다.

(그림 4-9 : 헤드앤숄더)는 전형적인 전환 패턴으로 하향 추세를 만들어가는 패턴의 일종이다. 왼쪽에서 지속적으로 시작되어 온 상승 추세는 A구간을 지나면서 한 차례 정점을 찍고 B구간에서 숨 고르기를 하다가 재차 상승을 하다 C구간에 접어들면서 거래량이 점차 줄어드는 것을 확인할 수 있다.

A와 B구간이 사람으로 보자면 왼쪽 어깨이고, C구간이 머리 그리고 D와 E구간이 오른쪽 어깨를 형상화하여 '헤드앤숄더' 패턴이라고 한다.

[그림 4-10] • 삼중 바닥형

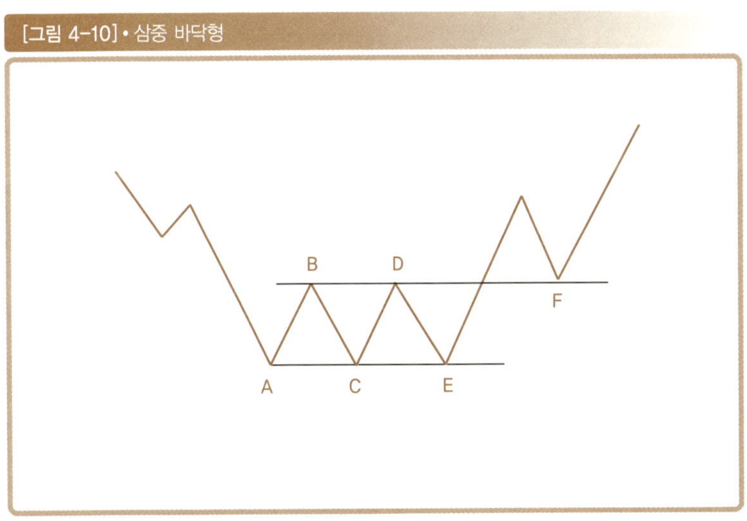

또 다른 전환 패턴으로는 (그림 4-10 : 삼중 바닥형)이 있다. 처음에는 그림처럼 주가가 계속 저점을 다져 나가는 모습을 볼 수 있다. A, C, E처럼 주가는 저점을 계속 동일하게 만들고 실전에서는 그림과 같이 저점이 똑같은 경우가 드물다. C와 E가 A지점에서의 저점 가격보다 좀 더 높을 때가 있다. 이럴 때일수록 더 강력한 신호로 해석된다. '삼중 바닥형' 패턴이 나오면 머지않아 주가가 상승 전환함을 예고하는 것이므로 적극 매수해야 한다.

지속 패턴도 알아보자. 이 패턴은 상승이나 하락 추세의 진행 중에 나타난다. 상승 또는 하락 추세가 진행하는 도중에 시장의 과매수와 과매도를 일시적으로 조정하는 횡보 과정에서 형성된다. 일시적 조정 이후 원래의 추세에 따라 변한다는 점에서 전환

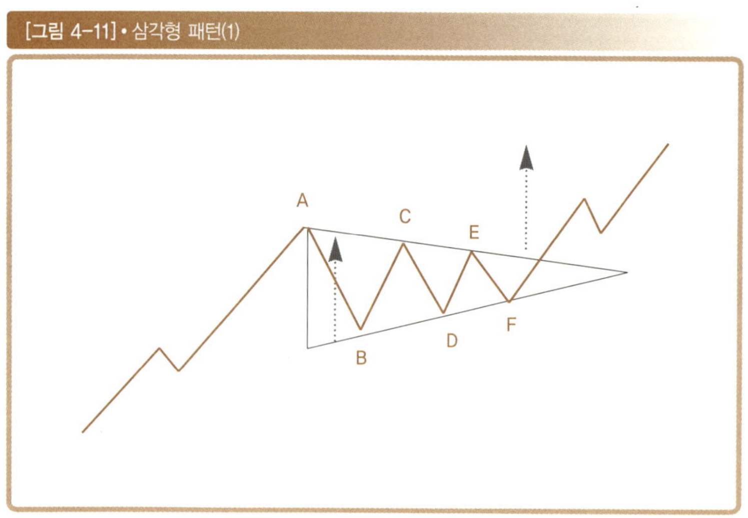

[그림 4-11] • 삼각형 패턴(1)

패턴과 차이가 있다. 또 전환 패턴은 좀 더 긴 시간에 걸쳐 형성되는 반면, 지속형 패턴은 그 형성 기간이 짧고 단기 또는 중기 패턴으로 분류된다.

삼각형 패턴은 지속형 패턴의 표준이다. 삼각형 패턴의 모습은 B, D, F처럼 계속 저점을 높여 나간다. 캔들이 후행성이라고 해도 주가는 과거를 기반으로 하여 현재와 미래를 예측할 수 있고, 그로 인하여 진행되는 상태를 볼 수 있다. 이 패턴은 실제로 상승 추세가 지속하는 데 큰 역할을 한다. 주가가 쉬지 않고 올라만 가는 게 아니라 상승 추세 중에도 숨 고르기는 한번씩 나오기 때문이다. 실제 차트를 보면 이해가 좀 더 쉽겠다.

삼각형 패턴을 살펴보면 주가가 계속 상승하고 있는데 단기적

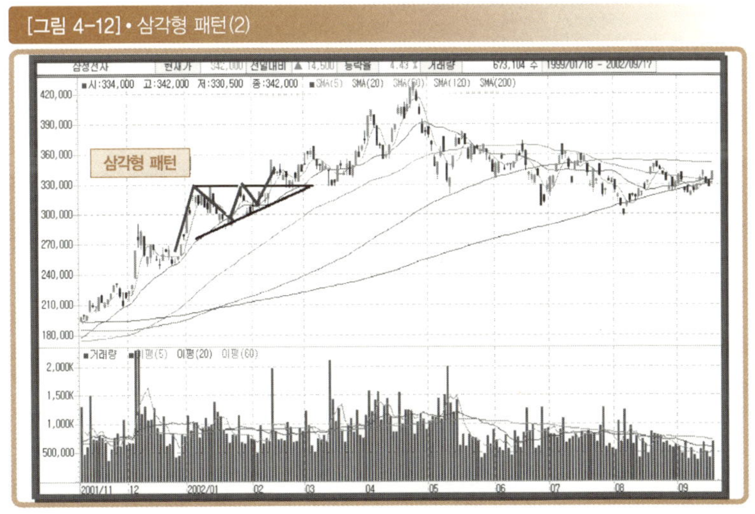

[그림 4-12] • 삼각형 패턴(2)

으로는 숨 고르기가 연속하여 나온다. 주가는 강력한 상승 중에도 늘 숨 고르기를 한다. 그 이유는 많겠지만 단기적으로 급상승하는 데 따른 피로감도 있을 수 있고, 주도 세력의 물량 뺏기일 수도 있다.

중요한 점은 상승 중 숨 고르기를 위하여 눌림목을 만들어 줄 때 단기 이동평균선들이 정배열을 유지하고 있는지에 초점을 맞추어야 한다. 5일 이동평균선이 강력한 상승 신호선이라면 20일 이동평균선은 그 신호를 계속 뒷받침해 주어야 한다. 따라서 숨 고르기를 할 때 주가가 20일 이동평균선을 하향 돌파하는지 살펴봐야 한다.

(그림 4-12)처럼 20일 이동평균선에서 지지를 받으면서 숨 고르기를 하고 있다. 즉, 전저점을 하향 돌파하지 않으면서 그 수준을 유지하여야 상승을 기대할 수 있다는 점을 기억하자.

Chapter ..06

특정 패턴을 활용한 매매방법

ELW는 만기일까지 보면서 투자하는 경우도 있지만, 많은 투자자들이 데이트레이딩을 한다. 매일 10~20%의 수익률이 발생하기 때문에 투자자들이 그 달콤한 유혹을 거절하지 못하는 데 연유가 있다.

데이트레이딩을 하는 이유 중 하나는 ELW가 그만큼 고위험·고수익이라는 반증이기도 하다. 주식투자보다 많은 위험을 가지고 있어서 당일에 모든 매매를 청산하려는 생각을 하기 때문이다.

여하튼 이 장에서는 약인지 독인지를 따지려는 것이 아니라, ELW로 데이트레이딩을 하기 위하여 가장 적용도가 높은 특정 패턴들을 살펴보기로 한다. 우선 상승 패턴에 대하여 알아보자.

1. 2중 바닥(쌍바닥)

2중 바닥은 '쌍바닥'이라고 부르기도 하고 'W자형 패턴'이라고 부르기도 한다. 이 패턴은 주로 주가가 저점인 주간에 많이 나타난다.

(그림 4-13 : 2중 바닥)처럼 상승을 되돌릴 때 나타나는 상승 패턴의 일종이다. 주목하여야 할 점은 왼쪽보다 오른쪽 저점이 높으면 주가가 상승하는 데 힘을 더 강력하게 실어 준다는 것이다.

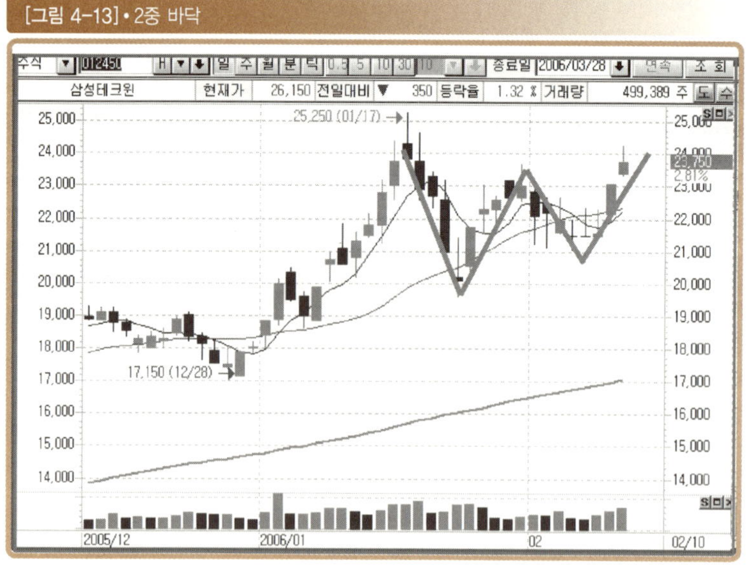

[그림 4-13] • 2중 바닥

2. N자형 패턴(상승 되돌림)

N자형 패턴도 2중 바닥처럼 상승 되돌림 패턴 등 몇 가지 이름을 가지고 있다. 간혹 '눌림목' 이라고 표현하기도 하는데 전혀 틀렸다고 할 수는 없다. N자형 패턴은 숨 고르기를 할 때 나와 상승 추세를 계속 이어간다.

특이할 만한 점은 오전 9시 장이 시작되고 약 10분 내외면 주가가 장 시작과 함께 고점을 만들어 놓고 잠시 '숨 고르기' 에 들어갈 때가 많다. 이때 '숨 고르기' 가 추가 상승을 도모할지, 그렇지 않고 하락으로 연결될지 고민될 때가 많다. 그런 상황에 부닥치면 상승 힘을 가진 종목은 이동평균선의 모양도 정배열로 만들면서 상승 탄력을 높인다는 점을 판단 기준으로 삼아야 한다.

(그림 4-14 : N자형 패턴)을 보면 주목할 점이 눈에 들어온다. 바로 상승하려는 힘이 강하다 보면 이동평균선이 정배열로 가지런히 놓인 점이다. 그렇게 강력하게 5일선을 지지받아서 견조하게 상승하여 올라간다. 그러다가 정점을 찍고 일시적으로 하락하는데, 20일선(파란 실선)에서 지지를 받고 다시 탄력을 가속화킨다.

실제로 ELW의 데이트레이딩에서 매수세가 강한 종목들은 이 같은 모습을 모두 거치게 된다. ELW는 시가 공략보다 눌림목 구간(원형 점선처럼) 첫 매수에 참여해도 충분히 높은 수익을 기록할 수 있다. 시가에 잘못 들어가서 그림과 반대되는 흐름을 탔을 경

우에는 손실이 불가피하다.

ELW는 방향성이 중요하다. 방향성을 읽었다면 그 방향(상승 또는 하락)에서 계속된 수익을 기대할 수 있기 때문이다.

3. 갭(Gap) 상승

(그림 4-15 : 갭 상승 패턴 차트)는 일정 방향으로 움직이다 전일 고점 이상으로 추세가 강화된다.

두 번째 원처럼 가격이 점차 오르면서 두 번째 갭이 발생한 후

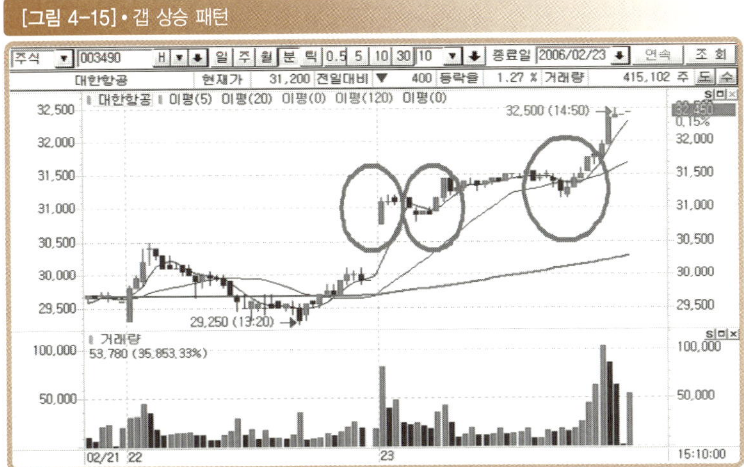

신고가가 나타나며, 추세가 지속될 때 주로 나타난다. 이러한 갭은 추세가 강화되고 있고 조정 시 지지 역할을 하지만, 잘 메워지지 않는 특징이 있다.

이 상승 갭은 5일선에 있던 캔들이 20일선 위로 올라가면서 나타날 때 매수세가 강력한 것으로 판단한다.

4. 하락 지속형

(그림 4-16 : 하락 지속형 패턴 차트)는 전형적인 하방 경직성 패턴이다. 자칫 눌림목으로 보여질 수 있겠지만, 눌림목이 고점과 저점을 높인다는 점이 중요하다. (그림4-16)에서는 그런 점과 배치된

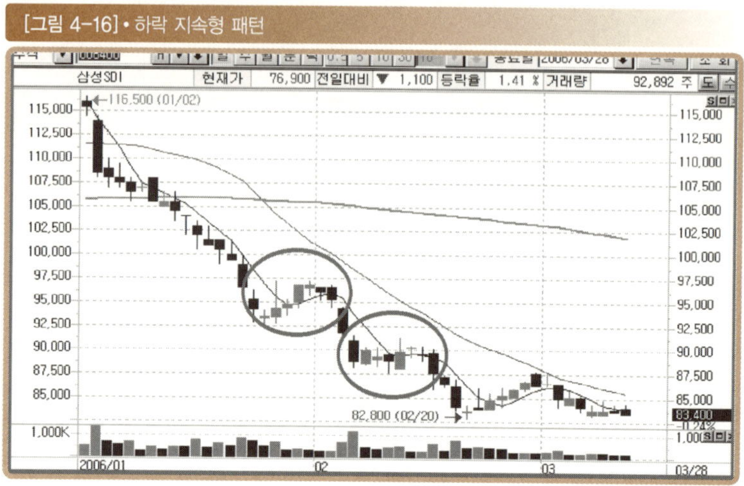

다. 또 역배열인 상황에서 첫 번째 원처럼 상승을 도모하지만, 매수세가 약해 20일선을 돌파하지 못하고 다시 하락으로 되돌리고 있다.

두 번째 원에서도 다시 한번 상승을 도모하려고 하는 모습을 볼 수 있다. 하지만 역시나 매수세가 약하여 다시 하락하게 되는데 이때 두 원 안에 있는 캔들의 모습을 보면 '단봉'이라는 것을 알 수 있다. 강력한 시세를 분출하기 위해서는 '장대 양봉'이나 갭 상승으로 매수세 분출이 이어져야 하는데 위의 그림은 그렇지 못한 모습이다. 이런 장세라면 기다리는 게 상책이다.

5. 하락 갭(Gap)

매도세가 강력하여 매물이 강력하게 출회하고 있다. 하락갭은 상승갭과 반대로 지속적으로 매도세가 나온다. 따라서 하락갭이 나오면 하락이 계속 이어질 수 있다고 판단해야 한다.

(그림 4-17)을 자세히 보면 74만 원 근처에서 고점을 찍고 하락 추세로 되돌아가면서 하락갭이 발생되었다. 이때 반드시 물량을 정리하는 것이 더 큰 손실에서 벗어날 수 있는 한 방법이다.

다만 한 가지 재미있는 것은 분봉 차트에서만 장대 음봉을 2개 혹은 3개 정도를 만들어 내면서 밀어내는 경우가 있다는 점이다. 이때는 마지막 음봉이나 음봉 후 나오는 양봉 시작점에서 적극적인 매수를 할 필요가 있다. 이는 주가를 주도하는 세력들에 의한

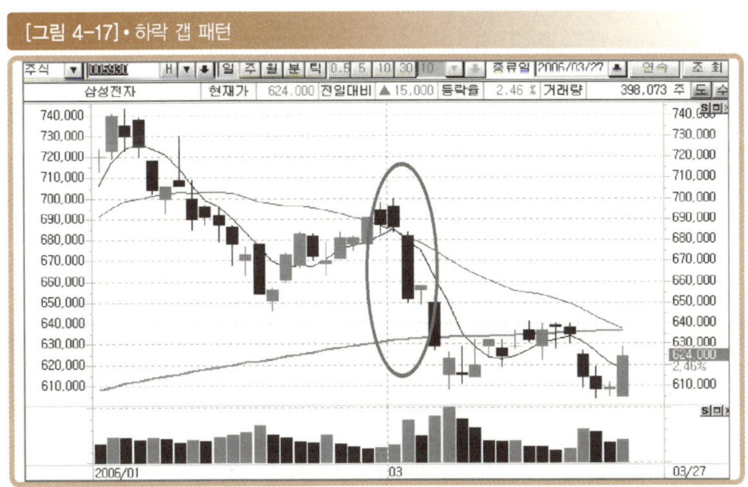

[그림 4-17] • 하락 갭 패턴

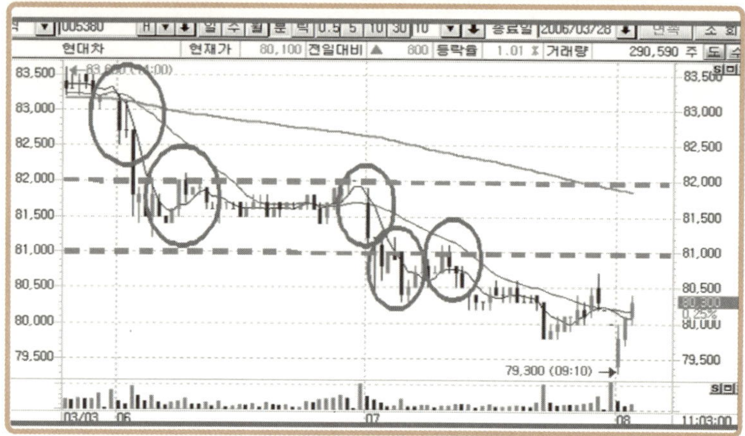

일시적인 물량 털어내기로 볼 수 있기 때문이다.

(그림 4-18) 분봉 차트의 원을 보면 장대 음봉이 나온 후에 매수세(양봉)가 나온다. 이때 음봉이나 음봉이 마무리 되고 양봉이 시작되는 점에서 새롭게 매수를 하여 시세를 내는 것도 매우 중요하다. ELW는 단기 반등에도 시세를 크게 낼 수 있기 때문에 이런 모습에서도 최소 3% 많게는 10% 이상의 수익을 얻을 수 있다. 다시 말하자면 하락갭을 역으로 이용하는 것이다.

6. 가격 활용 매수법

ELW는 대형 우량주를 기초자산으로 하여 투자한다. 이들 대형주가 등락하는 가격 범위는 특정한 가격에서 지지와 저항을 받는다. 이는 기술적 분석을 통해 주가의 현재와 미래를 가늠하는 보조 역할을 하게 되므로 주가가 상승과 하락을 할 때 어느 지점에서 지지 또는 저항을 받게 될지 심리적으로나마 예측할 수 있다.

A라는 콜 종목을 매수하려고 하는데 현재가가 10,000원이고 이때 최초로 매수를 했다고 가정하자. 그렇다면 이 종목의 고점은 어느 가격대까지 예측할 수 있을까. (표 7)을 보면 1차 고점은

[표 7]•특정 가격대를 활용한 매수 방법					
콜 워런트	**호가(Price)**		**풋 워런트**	**호가(Price)**	
2차 매도	11,300	고점 저항	1차 매수	11,300	저점 지지
	11,200			11,200	
	11,100			11,100	
	11,000			11,000	
2차 매수	10,900		1차 매도	10,900	
	10,800			10,800	
	10,700	저점 지지		10,700	고점 서항
관망	10,600	중심 가격	관망	10,600	중심 가격
	10,500			10,500	
1차 매도	10,400	고점 저항	2차 매수	10,400	저점 지지
	10,300			10,300	
	10,200			10,200	
	10,100			10,100	
1차 매수	10,000		2차 매도	10,000	
	9,900			9,900	
	9,800			9,800	
	9,700	저점 지지		9,700	저점 저항

10,300원이 고점 저항선이고, 이 구간을 넘어가면 10,700원까지 2
차 고점이라고 볼 수 있다. 여기서 횡보를 하다 새로운 매수 주체
로 시작된다면 지지점이 되면서 2차 매도점까지 주가가 상승할
것이다.

풋 워런트는 반대 개념으로 생각하면 된다.

ELW 매매 가이드

Equity

Linked

Warrant

Chapter ..01

매매 수량 지키기

ELW는 LP에게 물량을 매수하고 다시 LP에게 물량을 매도하는 형태의 거래를 취한다. 그러다 보니 LP보다 물량을 더 많이 매수하면 한번에 물량을 정리하지 못하고 물량을 나누어 매도해야 한다.

이때 원하는 가격에서 매도하지 못하고 그 아래에서 매도 할 수도 있다. 설령 수익 범위에서 가격이 하락하더라도 매도 물량을 남기는 어처구니 없는 사태가 발생할 수 있다.

만일 투자자가 데이트레이딩을 하지 않고 스윙으로 진행한다면 그리 큰 문제는 아니다. 하지만 데이트레이딩을 할 때는 가급적 LP가 제시하는 물량 범위에서 매수를 하라. 그러면 한꺼번에 물량을 매도하고 포지션을 새롭게 설정할 수 있겠지만, LP 물량보

매도주문	LP잔량	호가	LP잔량	매수주문
		500		
		495		
		490		
		485		
		480		
		475		
		470		
		465		
	49,790	460		
		455	40,000	
		450		
		445		
		440		
		435		
		430		
		425		
0	49,790	합 계	40,000	0

다 훨씬 많아서 한꺼번에 정리가 안 되면 의외의 손실도 볼 수 있

기 때문이다.

물타기(추가매수) 금지

주식투자를 하는 개미들의 매매 형태를 살펴보면 자신이 보유하던 종목이 하락하면 빨리 원금을 회복하고 싶어한다. 그래서 계획에 없이 추가로 매수하면서 평균 단가를 낮추려고 한다. 만일 ELW에서도 이 같은 매매를 하게 되면 자칫 전 재산을 모두 날릴 수 있다는 점을 각오하여야 한다.

ELW는 레버리지 효과가 매우 크기 때문에 추가로 매수를 하게 되면 당장은 평균 단가가 낮아져서 심리적 안정감을 가질지 모른다. 그러나 투자 점수로는 낙제점 수준이다. 그 종목이 행여 더 하락하게 되면 레버리지 효과로 인한 추가 손실이 커질 뿐 아니라 만기일이 점점 다가올수록 시간가치는 떨어지고 거래량도 줄어든다. 이러다가 만기가 되어 ELW 종목이 상장폐지 되면 ELW에 투자한 돈은 모두 날리게 된다. 고로 ELW를 물타기 하듯이 무작정 사는 것은 '언 발에 오줌 누기' 밖에 안 된다는 것이다.

따라서 ELW에 투자할 때는 자신만의 손절매 지점을 미리 설정하여 두는 것이 현명하다. 손절매 범위에 들어오면 미련 없이 손절매하거나 반등구간을 이용하여 분할 매도하는 것이 바람직하다.

손절매 범위에 대하여 규정지어진 것은 없지만 등가격이나 내가격의 경우 기초자산의 3% 범위에서 하면 된다. 등가격이나 내가격은 기어링 비율이 크지 않아서 하락 폭도 크지 않기 때문이다.

반면에 외가격은 기초자산의 10% 범위에서 하면 된다. 외가격은 기어링 비율이 높아서 상승하는 범위도 크지만, 하락하는 범위가 크기 때문에 지금 당장 하락한다 하더라도 반등구간에서는 원래 자리를 금세 찾기 때문이다.

Chapter ..03

오버나잇 금지

애초 중장기로 ELW를 투자하면서 꾸준히 매집하는 투자자라면 오버나잇을 해도 큰 문제가 없다. 오버나잇 금지는 데이트레이더에게만 해당되는 말이다. 당일 매수 후 당일에 청산하기 위하여 매매에 참여했다면 반드시 지켜야 한다.

한가지 예를 들자면 필자의 회원 절대 다수가 이런 오버나잇을 하면서 2007년 2월과 3월 꽤 큰 손실을 보았다. 오버나잇을 하지 않도록 사전에 충분히 교육을 시켰고, 그에 대한 폐해를 언급했지만 지키지 못한 회원들이 많았다. 오버나잇으로 인하여 크게 손실이 발생하면 더욱 손절매를 못하게 되고, 손실 폭을 키우는 결과만 만들 가능성이 크다.

결국 한 달 정도 마음 고생, 몸 고생(?)을 하고 나서야 필자의 도

움과 투자자들의 의지가 하나 되어 원금 이상을 만들어 냈다. 투
자란 참으로 어려운 자기와의 싸움 중 하나다.

투자자는 냉정해야 한다. 하지만 냉정하기보다 감성이 앞서게
마련이다. 눈앞에서 수백만 원의 손실이 발생했다면 손절매한다
는 일은 그리 쉽지 않을 것이다. 그러나 주가가 다음날에도 떨어
진다면 ELW 특성상 본주보다 훨씬 큰 손실을 보게 된다.

가령 본주가 이틀에 걸쳐 5% 하락했다면 ELW는 50%까지도 하
락할 수 있다. 이로 인하여 투자자의 심리적 부담은 커지고 이를
재빨리 회복하기 위한 조급증 때문에 매매의 중심이 흐트러지게
된다. 주식시장의 일간 변동성이 클 때는 특히 조심해야 한다.

Chapter ..04

거래제도

ELW는 현금 결제를 원칙으로 한다. 미수라고 불리는 신용거래를 할 수 없어서 현금 보존분에 한하여 매매가 이루어진다. 이 점은 신용거래로 피해를 볼 수 있는 것이 원천적으로 봉쇄된다.

1. 결제 방식 : 현금결제 및 자동권리행사(T+2)

ELW의 만기결제 방식은 현금결제와 실물인수도 결제가 있다. 현금결제만 우선 도입되고 있고 만기 시 행사가치가 있는 경우, 권리행사 청구를 자동으로 한다. 즉, 투자자는 별도의 권리행사

청구 없이도 발행 증권회사가 만기일(거래소 최종거래의 결제일)에
투자자 계좌에 등재된 자를 권리 행사자로 인정하여 결제를 이행
한다(결제일은 만기일로부터 2일째 되는 날이다).

2. 권리행사 방식 : 유럽형(만기일에만 권리행사)

ELW의 권리행사 방식은 권리 행사일에 따라 유럽형(만기일에
만 권리행사)과 미국형(특정기간에 권리행사)이 있다. 국내 투자자
에게 익숙한 유럽형만 우선 도입됐다.

3. 권리 유형 : 표준형

ELW에 내재된 권리 유형은 주가지수옵션 등과 같이 단순히 사
거나 팔 수 있는 권리만 있는 표준형 워런트(Standard Warrant)와
다양한 옵션이 내재된 비표준형 워런트(Exotic Warrant)가 있지만,
표준형만 우선 도입되어 거래되고 있다.

> **기초자산 : KOSPI100 구성 주식 및 KOSPI200 지수**
> KOSPI100 구성 주식 및 KOSPI200 지수만 거래에 도입됐다.

ELW의 행사가치를 결정하는 만기평가가격을 특정일의 주가가 아닌 특정기간의 주가평균을 이용함으로써 기초주식에 미치는 가격 충격을 완화시키고, 불공정거래 발생소지를 미연에 방지한다.

4. 전환비율

'전환비율'은 ELW 1증권으로 취득할 수 있는 주식의 수를 나타내는 비율로 1ELW 증권당 0.1주, 0.2주, 1주, 10주 등으로 표기된다.

Chapter ..05

ELW 투자 초보들이 많이 하는 질문

1. 얼마로 투자하면 좋은가?

많은 투자자들이 하는 질문 중 하나다. 사실 정해진 금액은 없으므로 적은 금액으로 하라고 하면 모두 막연해 한다. ELW는 주식거래처럼 거시적인 모습으로 투자하기에는 무리가 따른다. 왜냐하면 가격 변동성이 큰 데다 거래기간이 짧기 때문이다. 따라서 초보 투자자라면 어느 정도 시점까지는 100만 원 이하로 투자하다가 증액하여 나가는 것이 좋다. 그래야만 가격 변동으로 인하여 체감되는 하락폭도 덜 부담스럽기 때문이다.

2. 보유하던 종목이 사라졌다

필자와 함께 매매에 참여하고 있는 '풍운이'라는 아이디를 사용하는 회원이 어느 날 다급하게 물어왔다. 비록 적은 금액이지만 보유하던 ELW가 어느 날 계좌에서 사라져 버렸다는 것이다. 컴퓨터가 잘못됐나 싶기도 해서 HTS를 다시 설치해 보는 등 혼자 할 수 있는 방법을 모두 강구해 보았지만 돌아오지 않아 급하게 물어 왔던 것이다.

간혹 ELW에 처음 투자하는 투자자들은 특정 기간 동안 거래할 수 있는 ELW가 가지고 있는 옵션의 특징을 파악을 못하여 이 같은 해프닝을 겪기도 한다.

ELW는 만기가 지나면 소멸된다. 따라서 만기 이전에 정리하는 것이 바람직하다. 만기에 권리행사로 인한 수익이나 손실도 낼 수 있는데, 만기에 대한 개념 없이 ELW를 가지고 무조건 오래 가져 간다고 좋은 것은 아니다.

ELW는 행사가격이 얼마인가를 확인하고 그 가격이 상회할 경우 수익을 발생시키는 것이다. 따라서 만기일까지 보유할 경우는 행사가격을 반드시 확인하고 등락에 대한 체크도 하여 행사가에 미치지 못하면 정리해야 한다. 만기가 지나도록 방치하면 ELW 자체가 소멸되므로 해당 ELW를 찾을 수 없게 된다.

3. 기초자산이 같은데 가격이 다른 이유

대신7221현대차콜과 한국7390현대차콜은 현대차를 기초자산으로 한다. 행사가격도 같은데다 거래 기간도 큰 차이를 보이지 않는다. 여기서 우리가 재빠르게 이해해야 할 점은 무엇일까. 워런트는 가격에 영향을 주는 변수가 같고 내재변동성의 일관성이 유지될 경우 변동성이 낮은 종목이 높은 종목에 비하여 상대적으로 낮은 가격을 가진다.

내재변동성은 기초자산의 미래 변동성에 대한 시장 참여자들의 예상치로 정의할 수 있다. 내재변동성이 높을수록 기초자산의 가격 변동폭이나 ELW의 가격도 차이가 있게 된다. 워런트의 가격을 산출하기 위해서는 기초자산의 미래 가격 변동폭을 예측해야 하는데 이는 발행사나 유동성 공급자(LP)에 따라 정해둔 기준은 회사별로 차이가 있다. 또 변동폭 예상치에 따라 부담해야 하는 비용도 달라진다.

높은 변동성을 적용할수록 그만큼 헤지 비용이 높아지고, 변동성 위험 프리미엄과 운용 프리미엄도 올라간다. 내재변동성이 높을수록 발행가격이나 시장에서 거래되는 가격이 높은 것도 이때문이다.

미래 변동성에 대한 예측치는 발행사마다 다르지만 결국 만기가 되었을 때 기초자산의 변동성은 한 가지 값을 갖는다. 가령 코스피200 지수를 기초자산으로 행사가격과 잔존만기, 내가격, 외가격, 등가격 등의 변수로 같은 기초자산이고 얼핏 같아 보여도 다른 이유이다.

4. 거래량이 없는데 내재변동성만 변하는가

기초자산의 가격이 움직일 때 워런트도 같이 움직이는 게 정상이다. 그런데 워런트 가격이 움직이지도 않는데 내재변동성이 바뀌는 일이 종종 있다. 이는 행사가가 현재 기초자산의 가격과 비교하여 터무니없게 큰 차이가 날 때 발생한다. 거래량이 없더라도 기초자산의 현재가와 워런트 매매 가격이 중간 값으로 계산되어 내재변동성이 움직이는 것이다.

5. 현대차 ELW에 투자했는데 배당금은 받을 수 있는가

결론부터 말하면 현대차 ELW뿐만 아니라 삼성전자, 국민은행, 신한지주 등 모든 ELW에 대한 배당락은 적용받지 못한다. ELW는 파생상품이기 때문인 것도 있지만 상품 발행 시 배당락도 감안하여 기초자산 가격에서 배당금의 값어치를 반영하기 때문이다.

다만 배당가치를 상품 발행 당시 넣지 않을 경우에는 연말 주가가 떨어져도 콜 워런트는 상승할 수 있다. 따라서 배당금을 생각하고 연말 ELW에 투자하는 것은 의미가 없다.

　　　　　금융금리가 3%까지 내려간 초(超) 저금리

시대가 도래했다. 과거처럼 퇴직금을 은행에 넣어두고 이자를 받

아서 살아가는 것은 이제 불가능해졌다. 많은 사람들의 고민이 시

작됐다. 그냥 은행에 돈을 묻어 두기에는 살아갈 날들이 너무 많

고 돈 쓸 일도 참 많은데 돈 들어올 곳은 한정되어 있으니 말이다.

더 큰 문제는 이 같은 저금리가 단기적으로 끝날 것이 아니라 앞

으로 지속될 것이고, 수 년 뒤에는 지금보다 형편없는 금리로 일

본처럼 마이너스가 될지도 모를 일이다.

　저금리 시대가 되면서 저축을 하여 가계의 경제 구조가 튼튼해

지기는커녕 부실하기 쉽다. 때문에 다소 위험하더라도 고수익을

찾는 사람들이 많은데 주식투자가 재테크의 중요한 부분인데도

이를 통해 '번 사람' 보다 '잃은 사람' 이 많아 부정적인 면이 많다.

　부동산은 제 아무리 꼭지에 샀다고 해도 묻어두면 돈이 되는 경

우를 종종 봐 왔다. 반면에 주식은 묻어 두었다가 휴지가 된 경우

도 있다. 그래서 많은 사람들이 주식투자를 아직도 꺼려하기도 한

다. 그러나 강도 높은 부동산 정책은 주식시장으로 다시 돈을 모여들게 하고 있는데 아주 중요한 것은 투기적 생각으로 접근하는 것보다는 장기적 관점으로 좋은 기업에 동업하는 마음으로 투자해야 성공할 수 있다는 점이다.

특히 ELW 투자는 '레버리지 효과'로 인하여 특정 종목에 직접 투자하는 것보다 몇 십 배의 고수익을 올릴 수 있다. 종합주가지수가 하락하고 기초자산의 주가가 추락해도 풋 워런트를 활용하여 고수익을 올릴 수 있다. 그러나 주식투자가 병행되지 않은 ELW 투자는 결코 바람직하지 않다고 본다. 단순히 하락장에서 풋 워런트 매매는 '대박'이라는 생각은 위험하다. 풋 워런트는 하락장을 대비한 헤지 수단으로 활용해야 한다.

특히 풋 워런트는 콜 워런트보다 투기 성격이 짙고 전문지식이 필요 일반 투자자들의 접근이 쉽지 않다. 주가 급락 시 위험 회피 수단으로 활용할 경우 손실을 최소화할 수 있는 만큼 철저한 헤지 전략을 구사해야 한다. 전체 주식투자 비중의 5% 정도에서 풋 워런트를 투자해야 한다고 본다.

그렇다면 콜 워런트와 풋 워런트를 활용하여 안정적인 투자를 하면서 레버리지 효과를 이용하여 고수익을 추구하는 비법은 무엇일까? 먼저 개인 투자 성향부터 파악해 보자. 안정적인 투자를 원한다면 내가격과 등가격, ELW 투자가 좋다. 외가격보다 수익률 이 크지 않지만 만기 시점에서 권리를 행사할 수 있다. 이때 잔존 만기는 3개월이 넘어야 한다.

증시가 박스권에 놓여 있다면 투자를 유보하거나 만기가 긴 유형의 ELW를 조금씩 분할 매수하는 것이 좋다. 최근처럼 증시의 변동성이 커지면 목표 수익률을 낮추어 잡고 짧게 투자하라는 것이다.

기본적인 투자 포인트는 '향후 주가 전망' 이다. 상승장이 예상되면 콜 워런트를, 하락장이 예상되면 풋 워런트를 사면 된다. 만약 상승장을 예상하여 콜 워런트를 샀는데 하락장이 이어진다면 ELW 가격은 시간이 갈수록 떨어진다. 이때는 지수 반등을 노려 손절매하거나 풋 워런트를 매수해 헤지(위험관리)하는 전략이 필요하다.

다음은 종목 선택이다. 기초자산이 같은 ELW도 행사가격, 만기에 따라 가격이 달라진다. 일반적으로 변동성이 높은 기초자산,

현 주가와 괴리폭이 크지 않은 행사가격과 3개월 내 만기를 가진 종목이 좋다. 또 하나 꼭 짚어봐야 할 부분은 '거래량'이다. 이는 LP(유동성 공급자)와 발행자를 잘 살펴봐야 한다.

LP의 능력이 종목의 거래량, 가격을 좌우한다. 대부분의 ELW 투자자들이 단기 매매를 선호하는 만큼 LP가 적정 매수·매도 호가를 잘 제시해 주어야 거래가 활발하다. 거래량이 적으면 환금성이 떨어지고 가격 왜곡이 발생할 가능성이 크다. LP의 보유 수량은 HTS를 통하여 파악할 수 있다. 발행 수량 대비 LP 보유 수량이 많을수록 매수·매도 호가 차이가 적어 가격 왜곡을 방지할 수 있다.

LP 보유 비중이 70% 이상인 종목을 선택할 것을 권한다. 또한 발행사와 LP가 동일하면 장중 매매에 필요한 투자 정보를 얻기 쉽고 유리한 가격대에서 매매할 수 있다. 발행사가 LP 역할을 병행하면 다소 손실을 보더라도 투자자들의 매매 편의를 제공하기 위하여 매수·매도 호가를 활발하게 제시하기 때문이다.

반면 LP와 발행사가 다를 경우 일반 투자자들은 LP와 발행사가 동일한 ELW보다 '비싸게 사고 싸게 매도'할 가능성이 있다. LP

들은 발행사에 일정 금액을 지불하고 ELW를 인수하는데, LP들은 이 비용을 내재변동성의 하향 조정 등을 통하여 보전하는 것으로 알려지기 때문이다.

이 책을 읽은 모든 ELW 투자자에게 좋은 일만 생기기를 바란다.

ELW 주요 규정 및 지표 요약

Equity

Linked

Warrant

1. ELW의 탄생

1. ELW의 발행

ELW도 유가증권이므로 주식, 채권 등 일반 유가증권과 동일한 방법으로 발행이 이루어진다. 주식워런트증권의 발행가격에는 제반 발행 비용 등이 포함되고, 주식워런트증권은 시간가치가 가격 결정에 결정적인 영향을 미치므로 발행 시기와 상장 시기의 격차 등을 요인으로 인하여 주식워런트증권의 발행 시 발행금액의 일부만이 판매(공모)되고, 나머지는 상장 이후 시장에서 직접 매출되어 유통된다.

즉, 발행 물량 전부 또는 잔액을 유동성 공급자가 인수하여 주식워런트증권이 거래소에 상장된 이후에 유동성 공급자가 유통시장에서 투자자에게 직접 매출(분매)하는 방법도 활용된다.

2. 발행자

ELW의 발행자는 투자자로부터 프리미엄을 받고 기초자산을 사고 팔 수 있는 권리를 부여하며, 투자자의 권리 행사 시 의무를 이행하여야만 한다. 주식워런트증권은 채권과 마찬가지로 발행자와 보유자 간 계약으로 발행 주체의 신용위험(credit risk)을 감안하여야 한다.

상장된 주식워런트증권의 매매거래에 대해서는 거래소가 결제이행을 책임지지만, 만기 시 발행자의 결제의무이행을 보증하지는 않으므로 발행자의 신용도가 주식워런트증권의 발행 및 판매에 중대한 영향을 미친다. 이 때문에 결제불이행 위험을 최소화하여 거래의 안전을 도모하고, 투자자 보호를 위해 주식워런트증권을 발행할 수 있는 발행자를 엄격히 규제하고 있다.

ELW를 발행할 수 있는 자는 장외파생금융상품 인가를 받은 증권회사(자기자본 규제 비율이 300% 이상이고, 자기자본이 1,000억 원 이상인 종합증권업 영위 회사)에 한한다.

3. 기초자산

기초자산은 주식워런트증권 보유자가 사거나 팔 수 있는 권리의 행사 대상물을 말한다. 일반 상품 및 금융자산 등 유통성이 있고 공정한 가격이 형성되며 가격변동성이 존재하는 모든 자산이 주식워런트증권의 기초자산이 될 수 있다.

일반적으로 일반상품, 금융상품 등 모든 자산이 다 대상이 될 수 있으나, 세계 주요 시장에서는 개별주식, 주가지수 등을 중심으로 활발하게 발행되어 거래되고 있다. 주식 워런트는 일반적으로 규모가 큰 대형 우량주를 기초자산으로 발행되므로 일반 투자자의 참여가 쉽고 유동성이 높다. 주가지수 워런트는 주식이 아닌 주가지수를 대상으로 하여 발행하는 워런트다.

행사가격은 만기일 대상지수에 발행인이 정한 승수를 곱한 수치를 돈으로 환산한 가격이며, 결제방식은 기초자산이 무형의 지수인 만큼 현금결제(cash settlement)로 이루어진다. 시장 전체에 대한 헤지 내지는 특정 포지션을 취하려는 투자자들의 요구에 의하여 주로 발행되며, 다른 워런트에 비하여 매매단위가 크며 개인 투자자보다는 기관 투자가들의 참여 비중이 크다.

4. 발행조건

ELW의 발행조건은 발행자인 증권회사가 시장 수요를 반영하여 자유롭게 결정하는 것이 원칙이다. 모든 조건은 발행 시에 확정되며 사후 변경하는 것이 금지되어 있다. 주식워런트증권의 발행가격이나 투자자의 투자의사 결정에 중요한 영향을 미치는 발행조건으로는 기초자산(주식·주가지수), 권리유형(콜·풋), 행사가

· ELW 발행 표지준안 ·	
구분	**내용**
기초자산	KOSPI100 구성 주식 및 KOPSI200 주가지수 ※ 주식 바스켓(복수종목으로 구성)은 당분간 제외
결제방식	현금결제 및 자동권리행사(T+2일) ※ 실물인수도결제는 제외 : 만기 시 행사가치가 있는 경우, 투자자는 별도의 권리행사 청구 없이도 발행 증권회사가 만기일의 고객 계좌부에 등재된 투자자를 권리행사자로 인정하여 결제를 이행(지급일은 만기일부터 2일째 되는 날)
권리행사방식	유럽형(만기일에만 권리행사) ※ 미국형(일정기간 권리행사)은 제외
만기평가가격	·주식 : 최종거래일을 포함한 직전 5거래일의 산술평균가격 ·주가지수 : 최종거래일의 주가지수 종가
전환비율	·주가지수 : 10, 20, 50, 100(표준), 200, 500, 1000 등 ※「전환비율」은 ELW 1증권으로 취득할 수 있는 주식의 수를 나타내는 비율로 0.1주, 0.01주, 1주, 10주 등으로 표기함
권리유형	·표준형 다양한 옵션이 내재된 비표준형 워런트가 있으나, 비표준형은 상품 구성이 복잡하여 일반 투자자의 이해가 어려우므로 표준형만 우선 도입했다

격, 만기, 권리행사기간(유럽형·미국형), 만기결제방식(현금결제·
실물인수도결제), 전환비율 등이 있다.

5. 상장요건

구분	내용
발행자	장외파생금융상품 인가를 받은 증권회사
기초자산	KOSPI100 구성 주식, 주식 바스켓 및 KOSPI200 주가지수
발행총액	10억원 이상
분산요건	모집 또는 매출에 의하여 발행
권리행사기간	잔존 권리행사기간이 상장 신청일 현재 3월 이상이고 3년 이내일 것
유동성 공급	거래소 회원증권회사(자기매매업을 인가받은 증권회사) 중 1사 이상을 유동성 공급자로 지정(발행인이 직접 유동성을 제공하는 것도 가능)
기타	투자자 보호와 시장 관리에 적합할 것

2. ELW 매매 및 결제제도

발행시장을 통하여 발행된 주식워런트증권을 증권선물거래소에 상장시킴으로써 일반 주식과 같이 매매거래가 이루어진다 . 주식워런트증권 보유자는 만기시 권리행사를 통한 이익실현 이외

구분	내용
호가	지정가호가(주문)만 허용
가격제한폭	높은 가격변동성을 고려하여 적용하지 않음
거래시간	매매거래 시간 09:00~15:00 호가접수 시간 08:00~15:00
거래단위	10증권(단주 거래불가)
신용거래, 대용	급격한 가격 변동 가능하여 지정불가
결제	매매계약일로부터 2일 (T+2일)
매매중단	−주식시장의 매매거래 중단(CB) 및 재개시 −기초주권 매매거래 정지 및 재개시 −주식워런트증권 발행회사와 관련하여 다음의 풍문 등으로 주식워런트증권의 주가 또는 거래량 급변(예상) 시 매매거래 정지 및 재개(부도발생, 은행거래정지, 영업정지, 파산 또는 해산, 회사정리절차(화의) 개시 신청 또는 개시, 영업용순자본비율 등 재무요건 미달) −주식워런트증권이 상장폐지기준에 해당되었을 때
권리행사	만기 시 행사가치가 있는 경우 자동행사
최종거래일	현금결제인 경우, 만기일 이전 2영업일
행사대금 결제일	만기일 이후 2영업일
만기기준가격	주식은 최종거래일을 포함한 직전 5거래일의 산술평균가격, 주가지수는 최종거래일 종가

에도 주식워런트증권의 매매를 통하여 이익을 실현할 수 있다.

주식워런트증권의 매매거래와 결제 방식은 주식의 거래에 준하여 처리하는 것이 일반적이다. 특히 유통시장에서 발행자가 직접 또는 제3자를 통하여 시장조성(Market Making)을 하므로 매매에 결정적인 역할을 한다. ELW의 매매를 위해 투자자는 증권회사에 매매거래 계좌를 개설(일반 위탁계좌)하여야 한다.

3. 유동성 공급자(LP) 제도

  발행인은 ELW 상장 시 유동성 공급자(Liquity Provider)를 지정하여야 하며, 유동성 공급자가 제시하여야 할 최대 호가 스프레드율을 신고하여야 한다. 유동성 공급자가 상시 매도와 매수호가를 제시하여 투자자들의 매매 요구에 응해 줌으로써 투자자는 원하는 시간에 매매가 가능하고, 이는 매도·매수 주문 흐름의 불일치로 인한 시장의 수급 불균형을 완화시켜 주고 거래 활성화에 기여하여 전체 시장의 유동성을 제고한다.

구분	내용
자격	자기매매업을 영위하는 거래소 회원증권회사
수	1사 이상~5사 이내
호가 제출	·호가제출 의무시간 : 호가 스프레드 비율이 발행자가 신고한 최대호가 스프레드율 이상으로 괴리가 발생한 경우 또는 어느 일방의 호가만 있는 경우, 5분 이내에 의무적으로 유동성 공급 호가 제출 ·호가 방법 : 유동성 공급 호가 제출 시 반드시 매도·매수 양방향(two-way) 호가 제출을 원칙으로 하되, 어느 일방에 유동성 공급자의 호가가 제출된 경우에는 타방 호가만 제출하는 것도 가능 ·최소 호가수량 : 매매수량 단위의 10배인 100증권을 최소한의 의무 호가 수량으로 정하여 동 수량 이상에서 자율적으로 호가 제출
호가의무 면제	·기초주식의 가격이 상한가 또는 하한가인 경우 ·기초주식(지수) 가격을 이용할 수 없는 경우 ·기초주식의 단일가 호가접수 시간, 시가 결정 후 5분간, 매매거래 중단 정지에 따른 재개 후 5분간 ·주식워런트증권의 매매거래 재개에 따른 호가접수 시간 종료 후 5분 경과 전 ·호가를 제시할 수 없는 경우 : 유동성 공급자가 주식워런트증권을 전량 보유한 경우 매수호가 및 전혀 보유하지 않은 경우의 매도호가 ·주식워런트증권의 가치가 크게 하락하는 등의 사유로 유동성 공급이 사실상 곤란하다고 거래소가 인정한 경우 ·기타 시장 관리상 필요한 경우
호가제출제한	·만기 1개월 전 이후 매매거래 기간(유동성 공급자의 호가에 의한 기초 주식 가격 영향력을 최대한 배제)
공매도호가 가격제한	·유동성 공급 호가가 원활하게 제출될 수 있도록 유동성 공급자가 차입한 주식워런트증권을 매도하는 경우 가격 제한 면제

4. ELW 권리의 행사 및 만기 결제방법

1. 권리행사와 포기

ELW를 매수한 사람은 만기일 또는 권리행사 기간에 권리를 행사하여 이익을 확정짓는다. 콜워런트를 매수한 사람은 권리행사를 통하여 기초자산을 발행자로부터 행사가격으로 인수하거나 그 차액을 받게 된다. 반면 풋 워런트를 매수한 사람은 권리행사를 통하여 기초자산을 행사가격으로 발행자에게 인도하거나 그 차액을 받게 된다.

• 권리행사·포기의 기준 •		
구분	권리행사 하는 경우	권리 포기하는 경우
콜 워런트	만기결제가격 > 행사가격	만기결제가격 < 행사가격
풋 워런트	만기결제가격 < 행사가격	만기결제가격 > 행사가격

2. 만기일의 ELW 손익구조

1) 콜 워런트

콜 워런트의 매수자는 기초자산인 주식의 가격이 행사가격 이상으로 상승할수록 이익은 계속 증가한다. 반면에 기초자산인 주식가격이 행사가격 이하로 하락하면 손실이 발생하는데 손실은 프리미엄으로 한정된다.

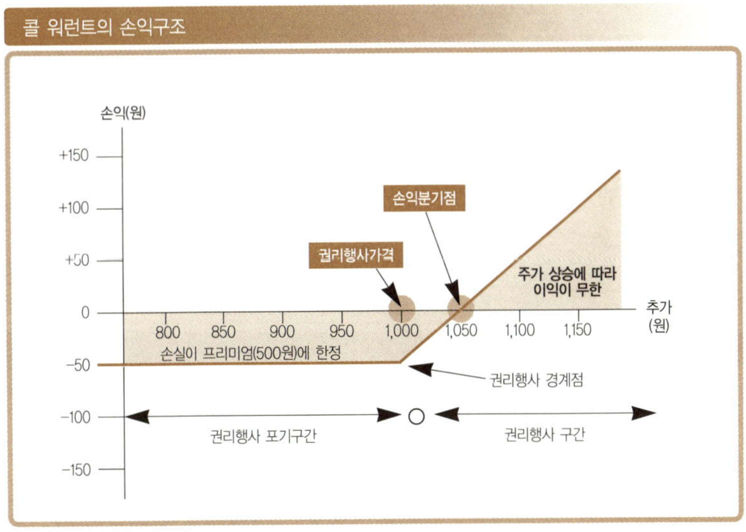

2) 풋 워런트

풋 워런트의 매수자는 기초자산의 가격이 행사가격 이하로 하락할수록 이익이 계속 증가한다. 반면에 기초자산인 주식가격이 행사가격 이상으로 상승하면 손실이 발생하며 그 손실은 프리미엄으로 한정된다.

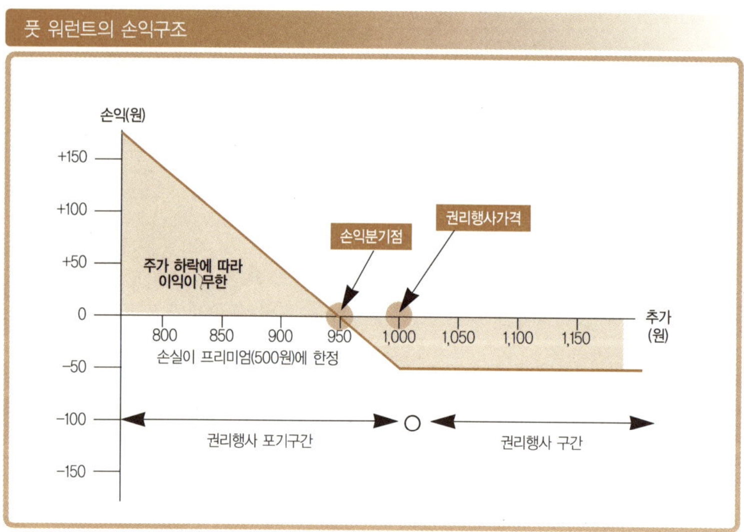

3. 만기일의 ELW 결제

ELW의 최종 결제방법은 현금결제와 실물결제 두 가지 방법이 있다. 즉, 콜(풋)의 주식워런트증권 매수자가 권리행사 시 기초자산의 결제가가격이 행사가격보다 높은(낮은) 경우, 권리행사를 통하여 실물을 행사가격으로 인수(인도)하거나, 그 가격 차이에 해당하는 금액을 현금으로 수령한다. 실물결제와 현금결제 모두 가능하지만 주가지수 등 무형의 자산을 기초로 하는 ELW는 현금 결제만 가능하다.

권리행사 만기일에 ELW 보유자가 권리행사로 인하여 이익이 발생하는 경우, 보유자의 권리행사 여부와 관계없이 자동적으로 권리행사가 되도록 하는 제도적인 장치가 있다. 다만 자동권리행사는 현금결제 방식의 ELW에만 적용된다. 자동권리행사로 인한 지급일은 만기일로부터 2일째 되는 날이다.

5. ELW의 가격지표

ELW의 가격은 행사가치와 시간가치로 구성된다

ELW 가격 = 행사가치 + 시간가치

1. 행사가치

행사가치란 ELW의 권리를 행사함으로써 얻을 수 있는 이익으로 '내재가치' 또는 '본질가치' 라고도 한다 . 콜 주식워런트증권의 경우 대상주식의 가격에서 권리행사가격을 뺀 부분이 행사가치가 된다.

즉, 콜 주식워런트증권을 행사하면 대상주식을 시장 가격보다 낮은 가격에 매수할 수 있고, 이를 곧바로 주식시장에서 매도함으로써 얻을 수 있는 차액을 말한다. 반면에 풋 주식워런트증권의 경우에는 반대로 권리행사가격에서 대상주식의 가격을 뺀 부분이 행사가치가 된다. 즉, 주식시장에서 주식을 매수하고 풋 주식

워런트증권을 행사하여 높은 가격에 매도하면 얻을 수 있는 차액
을 말한다

콜 워런트 행사가치 = 기초자산가격 − 권리행사가격
풋 워런트 행사가치 = 권리행사가격 − 기초행사가격

권리행사가격과 기초자산가격과의 관계에 따라 ELW의 가격은
다음과 같이 구분된다. 즉, 행사가치가 있는 (+)종목은 내가격(In-the-money), 행사가치가 없는 (−)종목은 외가격(Out-of-the-money),
행사가격과 기초자산의 가격이 동일하여 행사가치가 (0)인 종목
은 등가격(At-the-money)으로 구분된다. 권리행사가격은 고정되어
있으므로, 이러한 관계는 기초자산의 가격 변동에 따라 변화하게
된다.

2. 시간가치

시간가치란 만기까지의 잔존기간 동안 기초자산의 가격변동성
등에 따라 얻게 될 기대가치로 '프리미엄(premium)' 이라고도 한

다. 만료일까지의 잔존기간 동안에 얻을 수 있는 이익과 회피할 수 있는 위험에 대한 기대가치이므로 만료일에 근접할수록 감소하며, 프리미엄은 행사가치 또는 영(0)에 접근해간다.

프리미엄은 주식워런트증권이 만료일에 행사가치를 가질(이익을 얻을) 확률에 대한 기대가치이기 때문에 장래에 행사가치를 가질 가능성이 클수록 그 가치는 높아진다. 현재에는 행사가치가 없는 외가격 주식워런트증권도 만료일까지의 잔존기간 동안 이익 발생 가능성 때문에 시간가치를 갖는다.

3. ELW의 가격결정 요인

주식시장의 가격 형성과 동일하게 주식워런트증권도 투자자의 매도, 매수에 의하여 가격이 결정된다. 만기 시에는 행사가격과

• 가격결정 요인 •			
가격변화 요인		콜 워런트 가격	풋 워런트 가격
기초자산의 가격	▲	▲	▼
권리행사가격	▲	▼	▲
기초자산의 가격변동성	▲	▲	▲
잔존기간	▲	▲	▲
금리	▲	▲	▼
배당	▲	▼	▲

시장가격의 차이인 행사가치에 의해 ELW의 가치가 결정되지만, 만기 이전에는 여러 요인에 의하여 영향을 받는다.

ELW의 가격은 기초자산의 가격과 직접적으로 연관되어 있으므로 기초자산의 가격이 가장 큰 영향을 미친다. 그 밖에도 권리행사가격, 기초자산의 가격변동성, 만료일까지의 잔존기간, 금리, 기초자산에 대한 배당 등에 따라 가격이 달라진다.

6. ELW의 투자지표

1. 패리티(Parity)

패리티는 ELW의 내재가치를 알 수 있는 투자지표로서 권리를 만기일이 아닌 현재 시점에서 행사할 경우, 투자자가 얻을 수 있는 이익 또는 손익을 나타낸다. 패리티가 100보다 크면 내재가치가 있다는 뜻이며, 100보다 작으면 내재가치가 없다는 것을 의미한다. 패리티는 구체적으로 행사가격 대비 몇 퍼센트의 이익을 얻을 수 있는가를 판단할 때 이용할 수 있는 지표라고 할 수 있다.

$$콜\ 워런트\ 패리티\ 공식 = \frac{기초자산\ 가격}{행사가격} \times 100$$

$$풋\ 워런트\ 패리티\ 공식 = \frac{행사가격}{기초자산\ 가격} \times 100$$

2. 프리미엄(Premium)

프리미엄은 투자자들이 갖고 있는 잔존기간 중의 기대가치로서 ELW 가격이 내재가치를 상회하는 정도를 나타내는 지표다. 프리미엄은 기초자산 가격 대비 백분율(%)로 표시된다. 이는 투자자가 워런트를 행사하여 취득한 주식을 매도한 금액과 초기 워런트 투자금액과 같아지기 위한 기초자산의 가격상승률을 나타낸다. 프리미엄(%)은 패리티와 함께 ELW 가격의 시간가치를 나타내는 유용한 지표이다.

$$\text{프리미엄(\%)} = \frac{\text{주식워런트} - \text{내재가치}}{\text{기초자산 가격}} \times 100$$

프리미엄은 행사가치를 이용하여 다음과 같은 산식을 구할 수 있다.

■ 콜 워런트

$$\text{프리미엄(\%)} = \frac{\text{워런트 가격} + \text{권리행사 가격} - \text{기초자산 가격}}{\text{기초자산 가격}} \times 100$$

■ 풋 워런트

$$\text{프리미엄(\%)} = \frac{\text{워런트 가격} + \text{기초자산 가격} - \text{권리행사 가격}}{\text{기초자산 가격}} \times 100$$

3. 손익분기점(Break-Even Point)

투자자는 주식워런트증권에 투자한 자금을 만회하기 위하여 잔존기간 동안 기초자산의 가격이 투자자의 기대치 이상 올라야 하는데, 일반적으로 주식워런트증권 투자자의 손익분기점은 다음과 같다.

콜 워런트 = 행사가격 + 주식워런트증권 가격
풋 워런트 = 행사가격 − 주식워런트증권 가격

4. 자본지지점 (Capital Fulcrum Point, CFP)

자본지지점은 주식과 워런트의 투자수익률이 같아지는 주식 가격의 연간 기대상승률을 표시한 것이다. 이것은 동일 회사의 워런트와 주식 두 가지 중 한 가지에만 투자하여야 할 경우 양쪽을 비교할 수 있게 해 준다. 투자자가 예상하고 있는 주식의 기대상승률보다 CFP가 낮을 경우, 주식보다는 워런트에 투자하는 것이 워런트의 레버리지 효과로 인하여 투자 수익률을 높일 수 있다. 이를 통하여 만기 구조가 서로 다른 개별 워런트를 비교할 수 있다. CFP가 5%인 워런트가 7%인 워런트에 비하여 장래의 성장성을 더 작게 할인하였고 더 싸다고 할 수 있다. CFP는 시장의 움직임에 매우 민감하게 반응하므로 시장 전체의 평균 CFP를 통하여 유용한 정보를 얻을 수 있다.

$$\text{자본지지점(\%)} = \left[\left(\frac{\text{행사가격}}{\text{기초자산 가격} - \text{주식워런트 가격}} \right)^{1/y} - 1 \right] \times 100$$

한편 워런트와 달리 주식투자 시에는 배당 등 현금흐름이 발생하며, 이에 따라 실제 투자 수익률이 달라진다. 배당에 따른 현금

흐름을 반영하기 위해서 만기까지의 예상배당금을 구하여 CFP를 조정하여야 한다. 하지만 미래의 현금흐름을 예측하기가 곤란하므로 전기의 배당금을 이용하여 CFP를 수정할 수 있다.

$$\text{자본지지점(\%)} = \left[\frac{\text{행사가격} + (\text{배당수익률} \times \text{만기} \times \text{주식워런트증권 가격})}{\text{기초자산 가격} - \text{주식워런트 가격}} \right]^{1/y} - 1 \times 100$$

수정 후 자본지지점

(Y= 만기까지의 잔존연수, 배당수익률 = 전일의 배당수익률을 기준으로 함)

5. 민감도 지표

1) 델타(Delta)

델타는 기초자산의 가격 변화에 대한 ELW의 가격 변화를 나타낸다. 콜 ELW의 경우 동일한 방향(+)으로 움직이며, 풋 ELW는 반대 방향(−)으로 움직인다. 일반적으로 내가격 ELW의 경우 기초자산의 움직임과 동일하게 가격이 움직이게 된다. 델타는 1.00 또는 100% 방식으로 표시된다.

$$\text{델타}(\Delta) = \frac{\text{워런트 가격변화}}{\text{기초자산 가격변화}}$$

2) 세타(Theta)

세타는 ELW 만기까지의 잔존기간이 경과함에 따른 ELW 가격의 변화 정도를 나타낸다. ELW는 만기일이 가까워짐에 따라 시간가치가 급격히 감소한다.

$$\text{세타}(\Theta) = \frac{\text{워런트 가격변화}}{\text{시간의 변화}}$$

3) 감마(Gamma)

감마는 기초자산의 가격이 변함에 따라 ELW의 델타가 어떻게 변하는가를 나타내는 지표이다. 감마는 ELW 가격이 등가격(At-the-money) 상태에 있을 때 가장 높게 나타난다.

$$\text{감마}(\gamma) = \frac{\text{델타}(\Delta)}{\text{기초자산 가격변화}}$$

4) 베가(Vega)

베가는 ELW의 가격이 기초자산의 변동성에 대하여 얼마나 민감한가를 나타내는 지표이다. 베가는 변동성의 1% 변화에 따른 ELW 가격의 변화를 나타낸다.

$$\text{감마}(\gamma) = \frac{\text{워런트 가격변화}}{\text{변동성의 변화}}$$

5) 이자율(Rho)

이자율의 변화에 따른 ELW 가격의 변화를 의미하는데, 일반적으로 ELW 가격의 이자율에 대한 민감도는 그다지 중요하지 않다. 왜냐하면 이자율의 변동성이 매우 작기 때문에 상대적으로 이자율의 중요도는 다른 지표에 비하여 떨어진다.